大坂城をめぐる人々

その事跡と生涯

北川央 著

創元社

大坂城をめぐる人々　目次

本文作図　河本佳樹　　装丁　濱崎実幸

第1章　織田信孝――本能寺の変と大坂城

大坂城の歴史を遡ると、明応五年（一四九六）の浄土真宗の本願寺八世蓮如上人による大坂（石山）御坊建立にたどりつく。

当時、本願寺の本山は京都郊外の山科にあったが、十世証如上人の代、天文元年（一五三二）に法華（日蓮）宗徒らの焼き討ちを受け、山科本願寺が焼亡したため、大坂御坊は浄土真宗本願寺派の本山・大坂本願寺となった。

そして十一世顕如上人の代、元亀元年（一五七〇）に大坂本願寺は「天下布武」を標榜する織田信長と戦闘状態に入り、十年の長きにわたり激闘が続いたが、天正八年（一五八〇）正親町《おおぎまち》天皇の仲裁でようやく講和がととのった。

同年、本願寺は紀伊・鷺森《さぎのもり》（現・和歌山市）へと退去し、跡地は織田信長が「大坂城」として用いることとなった。

尾張・清須城に始まり、尾張・小牧山城、美濃・岐阜城、近江・安土城と、その本拠を次々と移してきた信長は、安土城の次には大坂城を見据えていたと考えられるが、それを実行に移す前に、天正十年（一五八二）六月二日、本能寺で非業の死を遂げる。そして、大坂城は、本能寺の変後の動乱の舞台となったのである。

大阪城天守閣の平成二十三年（二〇一一）度新収蔵資料に、この動乱にかかわる天正十年（一五八二）六月十日付の織田信孝書状がある。内容は次のとおりである。

書状本望候。仍漸囲四方候条、干入仕立たるへく候。是非出勢も二、三日候。弥武略専一候。又右衛門尉・安大夫今朝早々辛労之由、能々可被申渡候。恐々謹言

六月十日　三七

信孝（花押）

蜂屋兵庫助殿

津田兵衛佐殿

信孝は織田信長の三男で、名乗りを「三七郎」といい、天正十年（一五八二）五月七日付で父信長から、

就今度至四国差下条々

一、讃岐国之儀、一円其方可申付事

一、阿波国之儀、一円三好山城守可申付事

一、其外両国之儀、信長至淡州出馬之刻、可申出之事

右条々、聊無相違相守之、国人等相糺忠否、可立置之輩者立置之、可追却之族者追却之、政道以下堅可申付之、万端対山城守、成君臣・父母之思、可馳走事、可為忠節候、能々可成其意候也

天正十年五月七日（朱印）

三七郎殿

（奥野高広『増訂　織田信長文書の研究　下巻』一〇五二号文書）

という朱印状を賜り、四国攻めの総司令官に任命された。信孝はこれより先、永禄十一年（一五六八）二月に信長が北伊勢に出征し同地域の諸家を従属させた際、神戸《かんべ》城主神戸《かんべ》具盛《とももり》の養嗣子《ようしし》となったが、先の朱印状に「万端対山城守、成君臣・父母之思、可馳走事、可為忠節候」と記されるように、この時点で信孝は三好山城守康長の養子とされた（谷口克広『織田信長家臣人名辞典　第二版』「織田信孝」の項）。これにより、阿波の名族・

三好氏の領土回復への支援を大義名分として、信長は四国を席捲する長宗我部《ちょうそかべ》氏に対し、攻撃を仕掛けることになったのである。この件については本願寺十一世顕如の側近である宇野主水も「三七郎殿阿州三好山城守養子トシテ御渡海アリ」と記している（「宇野主水日記」天正十年六月二日条）。

　長宗我部氏征討の総大将となった信孝は、五月二十五日に安土城で父信長に拝謁を済ませて出陣し、同月二十九日に摂津国住吉に着陣した（「宇野主水日記」天正十年六月二日条）。イエズス会宣教師ルイス・フロイスは、その進軍の様子を、「彼（三七殿）は堺の市《まち》で乗船するために、一万四千名を率いて都を通過する予定であり、兵馬はまことにきらびやかで、歓喜をもって迎えるに相応《ふさわ》しいものであった」と記している（一五八二年十一月五日付　ルイス・フロイス「一五八二年度・日本年報追信」）。宇野主水の日記によると、信孝率いる四国討伐軍は六月三日朝に出航予定であったが、前日二日に本能寺の変が起こり、「信長生害」の急報が出航直前の信孝のもとに届けられたという（「宇野主水日記」天正十年六月三日条）。信孝軍は大混乱に陥ったようで、ルイス・フロイスは、「まだ乗船していなかった三七殿は知らせを受けると二時間後には明智と一戦を交える覚悟で出発しようとしたところ、彼の兵は各地から集まった人々であったから反乱を知るとたちまち大半の兵は彼を見棄てた。彼はこれに当惑し、己れの望みを達することは叶わぬと考え、彼の従兄弟《いとこ》の七兵衛殿がいる大坂へと向かった」と記している（一五八二年十一月五日付　ルイス・フロイス「一五八二年度・日本年報追信」）。

　ここに出てくる「七兵衛殿」とは、織田（津田）信澄《のぶずみ》のことで、信澄は信長が誅殺《ちゅうさつ》した弟信勝（信行）の子であるから、信長にとっては甥にあたる。先のフロイスの記述にもあったように信孝とは従兄弟という関係になり、当時、織田家宿老の丹羽長秀《にわながひで》とともに大坂城の城番をつとめていた。『細川忠興《ただおき》軍功記』に「天正十年春信長様御代。大坂之御城御本丸は。丹羽五郎左衛門長秀殿御預り。千貫矢倉は。織田七兵衛に。御預け被成被召置候由之事」とあり、「千貫矢倉」は二之丸の象徴ともいうべき建物であったから、当時の大坂城は本丸を丹羽長秀、二之丸を織田信澄が守衛する体制であったらしい（北川央「大坂城と城下町大坂——豊臣から徳川へ」)。ところが丹羽長秀は『惟任謀反記《これとうむほんき》』に「又、織田三七信孝は、四国に至りて渡海あるべき調儀のため、惟住(丹羽)五郎左衛門尉長秀・蜂屋伯耆守頼隆相添へ、泉堺の津に至りて在陣」と記されるように、蜂屋頼隆《はちやよりたか》とともに四国征討軍の副将を命ぜられており、信孝と行動をともにしていた。そして『細川忠興軍功記』に、「三七様。五郎左衛門殿四国へ。六月二日に可有渡海とて。住吉浦にて馬印も船に立申候処に。信長様御切腹被遊候注進。到来申に付。其儘大坂へ御帰被成。御本丸は三七様。五郎左衛門殿。御座被成候。七兵衛は。初より千貫矢倉に御座候事」と記されるとおり、信孝は丹羽長秀とともに大坂城の本丸に入った。ところが、信孝の大坂入城はすんなりとはいかなかったようで、ルイス・フロイスはその間の事情を次のように記す。

(大坂)城内に在った従兄弟(信澄)は三七殿をひたすら入城させまいとして大いに尽力していたので三七殿は右の部将(丹羽長秀)と多数の伝言を交わした後、その助けを借りて大坂に入った。従兄弟は彼(信孝)を大いに恐れていたので彼が兵と共に入城することを決して許さず、己れの兵を町に留め置いた。同所に二日滞在した後、彼は五郎左衛門と協議し、大いに警戒して塔(千貫櫓)の最上層から決して降りない従兄弟を殺す手立てを決定した。彼を殺すため彼らが考え出した策略とは以下のようであった。すなわち、城の第二の部将である五郎左衛門が乗船するかのように船まで三七殿に同行すると見せかけ、三七殿の兵と五郎左衛門の兵との間で偽りの争いを起こすことが申し合わされていた。従兄弟の兵は城外に出ず、彼もまた殺されることのみを惧れていたので、示し合わせた通り両者の間で争いを起こし、五郎左衛門の兵が負けたふりをして城内に逃げ込み、これに続いて三七殿の兵が入城した。その後両者は一団となって従兄弟の兵を多数倒した。塔内にいた従兄弟は自害したとも、また青年武士たちに殺されたとも言われている。三七殿は好評を博し、河内の諸侯がさっそく、彼を訪ねて主君と仰いだ。三七殿は従兄弟の首を堺において梟《きょう》したが、正しく残虐の故のことであり、諸人は彼を暴君と見なし、彼が亡びることを望んでいた。　（一五八二年十一月五日付　ルイス・フロイス「一五八二年度・日本年報追信」）

信孝が丹羽長秀とともに織田信澄を殺害したのは六月五日のことで、奈良・興福寺の多聞院英俊は日記の同日条に、「於大坂七兵衛ヲ生害云々、向州ノ聟、一段逸物也、三七殿・丹羽ノ五郎左衛門・鉢屋なとノ沙汰歟」と記している（「多聞院日記」天正十年六月五日条）。文中「向州」とは日向守、すなわち明智光秀のことで、信澄は光秀の娘婿であったから、謀叛人《むほんにん》光秀の一味として誅殺され、堺で梟首《きょうしゅ》されたのである。

信孝はその後、備中高松城の水攻めを切り上げて上方《かみがた》に急行してきた羽柴秀吉と六月十三日に合流し（〈天正十年〉十月十八日付　豊臣秀吉披露状写）、その日に山崎合戦で父の仇光秀を破るのであるが、六月十日付の信孝書状は、織田信澄を屠《ほふ》った後、秀吉軍と合流するまでの間に大坂城から出されたもので、宛先は蜂屋頼隆と織田（津田）信張《のぶはる》である。

蜂屋頼隆は古くからの信長の家臣で、すでに見たように丹羽長秀とともに四国攻めの副将を命ぜられていた。一方、織田信張は織田寛故《とおもと》の子で、織田信康の娘を室とした（「織田系図」〈『続群書類従』第六輯上〉）。信康は信長の父信秀の弟であったから、信長と信張は義理の従兄弟という関係であった。『真鍋家記』には、天正七年（一五七九）に、「信長公ヨリ津田孫右衛門（信張）・蜂屋出羽守（頼隆）両人、和泉ノ頭分ニ被仰付、岸和田ノ城、本丸ニハ孫右衛門、二ノ丸ニハ出羽殿居被申ソロ」とあるので、蜂屋頼隆・織田信張の両人は信長から和泉国支配を命ぜられて岸和田城番をつとめ、蜂屋頼隆は二之丸、織田信張は本丸の守衛を担当したことがわかる（北川央「織豊期の岬町」）。「宇野主水日記」の天正十年（一五八二）正月二十二日条に「岸和田城佐兵衛佐殿より、当春ノ為御礼、太刀一腰、鞦弐懸、鴈一、鱈五進之畢」とあり、「佐兵衛佐」は織田信張で、同年六月二日条には「二日朝食、泉州岸和田城蜂屋兵庫助振舞被申云々」とあるから、両人が岸和田城番で

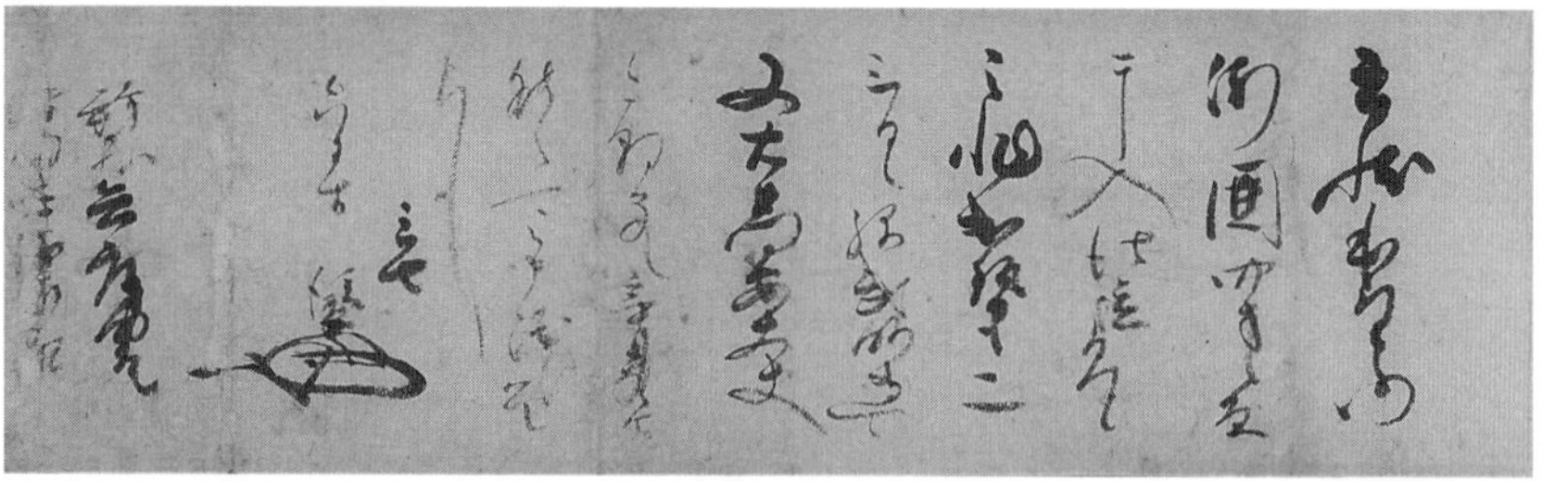

織田信孝書状。（天正10年）６月10日付、蜂屋兵庫助・津田兵衛佐宛（大阪城天守閣蔵）

あったことは間違いない。

また、信孝書状中に出てくる「又右衛門尉」「安大夫」は、それぞれ寺田又右衛門尉、松浦安大夫のことで、苗字は異なるが彼らは実の兄弟であった。和泉国の有力な地士《じざむらい》で、かつては岸和田城主であったが、天正初年頃には信長に属し、九鬼嘉隆らの織田水軍が村上水軍を核とする毛利水軍に大敗を喫した天正四年（一五七六）七月の木津川口の海戦にも織田方として参戦しており（『信長記』）、この書状が出された天正十年（一五八二）段階では信長から和泉国の支配を委ねられた蜂屋頼隆・織田信張の配下に組み入れられていた。寺田又右衛門尉・松浦安大夫兄弟は、使者として岸和田城から大坂城の織田信孝のもとへと派遣され、蜂屋頼隆・織田信張の連署状を届けた。信孝書状はそれに対する返書で、すでに仇敵明智光秀を包囲し、二、三日後には出陣するつもりであるから、その準備を怠らぬようにと伝え、早朝から大坂城まで足を運んだ寺田又右衛門尉・松浦安大夫の労苦をねぎらっている。

すでに見たように、織田信澄を成敗した信孝のもとには河内国の諸士が挨拶に訪れて臣従を誓っており、加えて蜂屋頼隆・織田信張の配下にある和泉国の諸士も信孝に属することになった。本能寺の変の直後には一万四千もの大軍勢が散り散りになり、いったんは「神戸三七信孝ハ、四国発向のためとて、泉州堺の津に陣を居られしが、此たびの騒動に依て、味方の軍勢あまた落うせ、残る兵わつかに八十騎ばかり也」（『北畠物語』）と記されるほどの窮地に陥った信孝ではあるが、丹羽長秀との連携によって態勢を立て直し、大坂城を拠点に光秀との決戦に挑むまでに勢力を回復したのである。

天正十年（一五八二）六月十日付の信孝書状は本能寺の変後、山崎合戦に至るまでの間の摂津・河内・和泉の動静をうかがうことのできる重要な史料であり、秀吉以前の大坂城に関する史料としてもたいへん貴重である。

第2章　豊臣秀吉――土木に秀でた天下人

✣天下統一の拠点・大坂城

天文六年（一五三七）二月六日、尾張国愛知郡中村に生まれた豊臣秀吉は、織田信長にその才能を認められて瞬く間に出世を遂げ、天正十年（一五八二）六月二日に信長が本能寺で非業の死を遂げると、その後継者となって天下統一に邁進《まいしん》し、同十八年（一五九〇）についに全国統一を成し遂げた。

秀吉が天下統一の拠点とした大坂城は、天正十一年（一五八三）九月一日に築城工事が始まり、同十三年（一五八五）四月頃には本丸が完成し、五層の大天守が聳《そび》え立った。築城工事はその後も十四年間にわたって断続的に続けられ、大坂城は最終的に概ね二キロ四方の巨大城郭として完成した。

天正十四年（一五八六）に大坂城を訪れた豊後のキリシタン大名大友宗麟は、その濠《ほり》を見て「大河之様」と驚き、五層の天守を目にして「三国無双」と感嘆の声を上げた。

当時日本で布教し、信長・秀吉に親しく接したイエズス会宣教師ルイス・フロイスは、信長が築いた安土城を「その構造と堅固さ、財宝と華麗さにおいて、ヨーロッパのもっとも壮大な城に比肩し得る」と評したが、そのフロイスが秀吉の大坂城を、「信長が安土山に於て造りたるものに比して二、三倍宏壮華麗なり」と絶賛した。一六六九年にオランダ・アムステルダムで初版が刊行され、たちまちヨーロッパ各国語に翻訳されて日本理解の基本書となったモンタヌス『日本誌』は、秀吉の大坂城を「世界第八の奇観を以て称せらるるに至る」と記した。すなわち大坂城は、ローマのコロッセウム、イギリスのストーンヘンジ、アレクサンドリアのカタコンベなどの「世界の七不思議」に次ぐ「世界八番目の不思議」とされたのである。

✣秀吉の事績

ところで秀吉の事績を追うと、彼が他の戦国武将とは異なる特異な才能を有したことが知られる。

秀吉がまだ信長に仕えてまもない頃、当時信長の居城であった清須城の塀が百間にわたって崩れた。信長は家臣たちにすぐに修復するよう申し付けたが、二十日たってもいっこうに完成しない。これを見た秀吉が「周囲は敵国ばかりなのに、用心の悪いことだ」とつぶやくと、信長から「では、その方がやってみよ」と言われ、秀吉は百間の工区を十組に分けて互いに競争させ、あっという間に仕上げてみせた――清須城の割普請。

尾張を平定した信長は隣国美濃の斎藤氏攻略のため、木曽川と長良川の合流点に位置する敵地墨俣《すのまた》に砦《とりで》の構築を目指し、佐久間信盛、次いで柴田勝家が試みるが、いずれも敵襲に遭い、散々な失敗に終わった。これに代わった秀吉は、築城用の材木をあらかじめ加工して符号を付け、おとりの味方が美濃勢と戦っているうちに、木曽川の上流から材木を流して一気に組み立て、一夜にして城を完成した――墨俣一夜城。

信長から中国攻めの総司令官に任じられた秀吉は、播磨・但馬・因幡・備前を次々と攻略し、天正十年（一五八二）四月には備中高松城へ攻めかかった。四方とも深田に囲まれ、わずかな微高地に城が築かれているのを見た秀吉は、城の周囲三里（約十二キロ）にわたって長大な堤を築かせ、そこに足守川の水を流し込み、城を一瞬にして湖水の中の浮城としてしまった――高松城の水攻め。

天正十八年（一五九〇）、秀吉は小田原城の北条氏を攻めた。秀吉は小田原城を見下ろす笠懸山《かさがけ》（石垣山）で極秘裏に築城を始め、わずかな期間に関東では初めての総石垣の城を築き上げ、天守も建てた。前面の樹木を伐り倒すと、一夜にして立派な城が姿を現したので、北条方は度胆《どぎも》を抜かれた――石垣山一夜城。

要するに秀吉は、戦《いくさ》の強さではなく、土木技術を駆使することでのし上がり、天下統一を果たしたのである。なかには史実か否か疑わしいものや誇張もあるが、それも秀吉が土木技術に秀でたからこそ生じたのであろう。

✣築城・城下町建設・河川改修・道路整備

そうした土木技術は、大坂城・聚楽第《じゅらくてい》・伏見城といった秀吉自身の居城、また朝鮮出兵の本営となった肥前名護屋城などの築城やそれぞれの城下町建設にも存分に発揮された。

秀吉によって大改造された京都の町は、「御土居《おどい》」と呼ばれる高さ約五メートルの堅牢な土塁で囲まれ、その内部が「洛中《らくちゅう》」とされた。

大坂では、秀吉最晩年の慶長三年（一五九八）に「大坂町中屋敷替《おおさかちょうじゅうやしきがえ》」が行われ、海辺の低湿地を開発してニュータウンを造成し、町家七万軒以上を強制移転させた。これが「船場《せんば》」で、江戸時代には「天下の台所」大坂の中心となる。

文禄四年（一五九五）六月には畿内一帯が豪雨に見舞われ、北河内から大坂城近傍まで一面が水浸しとなり、大坂・京都間が寸断される事態に陥った。これに懲《こ》りた秀吉は、翌年諸大名に命じ、淀川両岸に強固な堤を築かせ、流路を固定するとともに、左岸堤防上を京都と大坂を結ぶハイウェイとして活用した。この時築かれた淀川両岸の堤は「文禄堤」と呼ばれ、ハイウェイは「京街道」と名付けられた。

秀吉は土木技術で天下を制し、土木技術で新しい時代を切り拓いたのである。

第3章　利休と秀吉

1

天文二年（一五三三）七月、山科言継《やましなときつぐ》が勅命を帯びて、尾張の戦国大名織田信秀のもとに下向《げこう》した。同月二十日、言継は信秀の重臣平手政秀《ひらてまさひで》の屋敷を訪ね、その日記に「種々の造作、目を驚かし候《そうら》い了《おわん》ぬ。数寄の座敷一段なり」と書き記した（『言継卿記《ときつぐきょうき》』天文二年七月二十日条）。

京都の公家山科言継が驚きの声をあげるほど見事な茶室を屋敷内に営んだ、この平手政秀こそ、織田信秀の嫡男《ちゃくなん》信長の傅役《もりやく》であった。

信長は、「大うつけ」「大だわけ」と噂され、父信秀の死後も、その行動はいっこうに改まる気配を見せなかった。大いに気に病んだ政秀は、天文二十二年（一五五三）閏《うるう》正月十三日、自らの死をもって信長を諫《いさ》めるべく、自害し果てる。父の死に際してさえ悲しみの色を見せなかった信長であるが、さすがにこれはこたえ、政秀寺《せいしゅうじ》を建立《こんりゅう》して政秀の菩提を弔《とむら》い、自らの非を悟って、悔い改めたと伝えられる。

政秀に教育を受けた信長であるから、相当早くから茶の湯に親しんでいたと推察される。

永禄三年（一五六〇）五月十九日の桶狭間合戦で、駿河・遠江・三河三ヶ国の太守《たいしゅ》今川義元を破った信長は、永禄十年（一五六七）八月十五日、稲葉山城（のちの岐阜城）を陥れ、斎藤龍興《たつおき》を攻め滅ぼして美濃を制圧し、翌年九月二十六日には、足利義昭を奉じて、怒濤《どとう》の勢いで一気に京都まで攻め上った。

上洛を果たした信長のもとには、下剋上の代表として著名な〝梟雄《きょうゆう》〟松永久秀が頭《こうべ》をたれて挨拶に訪れ、本朝無双の付藻茄子《つくもなす》（別名、九十九髪《つくもがみ》）の茶入を献上した。また堺の有力町人今井宗久《そうきゅう》も信長のもとを訪ね、隠れなき名物松島の茶壺と紹鷗茄子《じょうおうなす》の茶入を献上した（『信長公記《しんちょうこうき》』）。

これを機に、いわゆる信長の「名物狩り」が始まる。翌永禄十二年（一五六九）、信長は配下の松井友閑《ゆうかん》・丹羽長秀らに名物茶器の収集を命じ、その結果、初花肩衝《はつはなかたつき》の茶入、富士茄子《ふじなす》の茶入、蕪無《かぶらなし》の花入、玉澗《ぎょくかん》筆の平沙落雁図《へいさらくがんず》、桃底《ももぞこ》の花入、趙昌《ちょうしょう》筆の菓子絵《かしのえ》、小松島の茶壺、柑子口柄杓立《こうじぐちひしゃくたて》、牧渓《もっけい》筆の煙寺晩鐘図《えんじばんしょうず》といった名だたる名物が陸続と信長のもとに集まった。そして信長は、これらを効果的に活用した。それが「茶湯御政道《ちゃのゆごせいどう》」と呼ばれるものである。

信長は、配下の部将たちに、彼の許可なく茶の湯を行うことを禁じた。その一方で、多大な戦功を挙げた部将には、名物茶器を恩賞として与え、茶会を開くことを特別に許可したのである。

羽柴秀吉もそうしたうちの一人で、本能寺の変で信長が斃《たお》れたのち、信長の三男信孝の家老斎藤玄蕃允《げんばのすけ》・岡本太郎左衛門に宛てた天正十年（一五八二）十月十八日付の手紙の中で秀吉は、「上様かさね〴〵、御褒美・御感状にあずかり、其の上、但州金山・御茶湯道具以下まで取り揃え下さる。御茶湯は御政道といへども、我らは免《ゆる》しおかれ、茶湯を仕るべしと仰せ出され候こと、今生後世《こんじょうごせい》、忘れがたく存じ候」と述べており、信長から茶会開催の許しを得ることがどれほどのことであったか、非常によくわかる。

2

天正十年（一五八二）六月十三日の山崎合戦で明智光秀を破り、主君信長の仇を討った秀吉は、翌年四月二十一日の賤ヶ岳合戦でも勝利して、柴田勝家を滅亡させ、信長後継者の座を確固たるものとした。

天正十一年（一五八三）六月二日、京都・大徳寺で信長一周忌の法要を済ませた秀吉は、まもなく大坂城に入った。前年六月二十七日に柴田勝家・丹羽長秀・池田恒興《つねおき》・羽柴秀吉という四人の織田家宿老が尾張・清須城に参集して行われた会議の席上で、大坂城は池田恒興の領有するところと決したが、秀吉は恒興に明け渡しを要求し、自らの居城をここに定めたのである。

これより先、秀吉は前田利家の娘まあ姫に宛てた手紙の中で、「ここもと隙《ひま》を明け候はば、大坂を受け取り候て、人数入れ置き、国々の城破《わ》り候て、これ以後無法なきように致し申し候て、五十年も国々鎮まり候ように申し付け候」と述べている。大坂城を秀吉軍の拠点とし、秀吉の力で、応仁・文明の乱以来百年以上も戦乱が続いたこの国を、戦争のない平和な社会にしてみせる、というのである。唯一無二の信長後継者となった秀吉の、強烈な意志表明であった。

大坂（石山）本願寺以来の旧城の跡を利用した秀吉の大坂築城工事は、天正十一年（一五八三）の九月一日から始まるが、秀吉はそれより前の七月二日に大坂城で最初の茶会を開催した。床には玉澗筆の煙寺晩鐘図が掛けられ、紹鷗の霰釜《あられがま》を五徳に据え、手桶を置いて、初花肩衝の茶入に茶が入れられた。四方盆・雲州天目・大亀の蓋といった名物揃いの飾り付けで、千利休と津田宗及《そうぎゅう》の二人が茶頭《さどう》をつとめた。

信長の時代には、今井宗久を筆頭に津田宗及・千利休を加えた三人が茶頭の地位にあり、本能寺の変でも幸い焼失を免れた名物茶器とともに、秀吉がこれを引き継いだが、かつては宗久・宗及の後塵を拝した利休が、次第に他の二人を圧倒するようになり、ついには〝天下一宗匠〟の座を不動のものとする。

大坂城は、天下統一の軍事拠点として築かれたが、大天守の北側には、閑静な山里の雰囲気を演出する曲《くる》輪《わ》が造営された。山里丸と名付けられたこの一画は秀吉が利休に命じてつくらせたもので、天正十二年（一五八四）正月三日に座敷開きの茶会が行われ、利休と宗及が茶頭をつとめた。

天下統一の事業に邁進《まいしん》する秀吉は、天正十三年（一五八五）七月十一日、朝廷から従一位関白に任ぜられる。これに感謝した秀吉は、同年十月七日、禁中において前代未聞の茶会を催し、秀吉自ら茶を点《た》て、正親町《おおぎまち》天皇・誠仁《さねひと》親王・邦房《くにふさ》親王・前関白近衛前久《このえさきひさ》らに献じた。このとき利休は、秀吉の後見役をつとめたが、「利休居士《こじ》」の号は、この禁中茶会に際して、朝廷から正式に勅賜されたものであると伝えられる。

翌天正十四年（一五八六）正月十五日、秀吉は再び禁中で茶会を開き、この際有名な黄金の茶室が大坂城から運び込まれた。これを見た公卿の吉田兼見《かねみ》は、その日記に「悉《ことごと》く黄金、御座敷勿論なり。（中略）古今の初め、三国において先代未聞なり。見事さ筆舌に尽し難し。驚目《きょうもく》〳〵。幷諸卿同前なり」と記している（『兼見卿記』天正十四年正月十六日条）。

一般的にこの黄金の茶室は、利休の侘び茶の精神とは相容れないものとして理解されている。そして、そのような秀吉と利休の美意識の対立が、ついに利休を死に追いやったとも解釈されている。けれど、利休がつくった大坂城の山里丸も、大天守をはじめとする、金箔瓦に彩られた豪華絢爛《けんらん》な建物がひしめく城内でこそ、閑静な山里の雰囲気を醸し出すことに意義があった。黄金の茶室は、そうした利休の考えを凝縮するものとして、考案された可能性がある。眩《まばゆ》く輝く黄金に囲まれたあの空間であればこそ、その中に入る者にはきわめて高度な精神性が要求される。侘び茶を嗜《たしな》む人間にとっては、究極の世界であったとも考えられるのである。

ここはひとまず、秀吉の命を受けて利休が黄金の茶室を創案した、すなわち黄金の茶室は、大坂城の山里丸がそうであったように、秀吉と利休という二人の天才による合作ではなかったか、との考えを示しておくこととする。

3

天正十五年（一五八七）十月一日、京都・北野天満宮の拝殿に黄金の茶室が組み立てられ、左右には平三畳の茶席が設けられて、秀吉が所有する数々の名物茶器が飾り付けられた。拝殿の周囲には、秀吉・利休・宗及・宗久の茶席が設けられ、それぞれ参会者に茶を呈し、周辺の森（北野松原）には公武衆庶の茶屋が八百余も立ち並んで、たいへんな盛況をきわめた。いわゆる北野大茶湯《おおちゃのゆ》（大茶会）である。
開催にあたっては、次のような高札が掲げられた。

一、北野の森において、十月朔日より十日の間、天気次第、大茶湯御沙汰なさるるについて、御名物ども残らず相揃えられ、数寄執心の者に見せらるべき御《おん》ため、御催《おんもよおし》なされ候事。
一、茶湯執心においては、また若党・町人・百姓以下によらず、釜一つ、釣瓶一つ、呑物《のみもの》一つ、茶なき者はこがしにても苦しからず候間《あいだ》、提げ来たり仕るべく候事。
一、座鋪《ざしき》の儀は松原にて候間、畳二畳。但し、侘者《わびもの》は綴継《とじつぎ》にても、稲掃《いなばき》にても苦しかる間敷《まじき》事。着所の儀は次第不同たるべし。
一、日本の儀は申すに及ばず、数寄心懸けこれある者は、唐国の者までも罷《まか》り出べく候事。
一、遠国《おんごく》の者まで見せらるべきため、十月朔日まで日限御延ばしなされ候事。
一、かくのごとく仰せ出さるるは、侘者不便《ふびん》に思し召しの儀候ところに、今度罷り出ざる者は、向後《こうご》においてこがしをも点《た》て候事、無用との御意見事に候。罷り出ざる者の所へ参り候者も、同前たるべき事。
一、侘者においては、誰々遠国の者によらず、御手前にて御茶下さるべき旨、仰せ出され候事。
右以上

（「北野大茶湯之記」『群書類従』第十九輯）

佐々成政《さっさなりまさ》の領国肥後で内乱が勃発したため、当初十日間の開催予定が十月一日だけに変更を余儀なくされてしまったが、それでも前後未曽有の、いかにも派手好きな秀吉らしい、一般大衆を巻き込んだスケールの大きな茶会であった。そしてそれはまた、秀吉一流の人心収攬術《じんしんしゅうらんじゅつ》でもあった。

筆頭の茶頭たる利休は、もちろんこの大茶会開催に深くかかわったが、大阪城天守閣で所蔵する（天正十五年）九月十五日付の利休自筆書状は、京都・聚楽第《じゅらくてい》から実弟の千宗巴《そうは》に宛てて北野大茶湯の開催を伝えたもので、堺衆に参加を呼びかける内容となっている。

十月朔日の早天ヨリ、北野ノ松原にて御茶湯御沙汰これあるべく候旨、一昨日より仰せ出され候。堺衆一所に囲い出すべく候通りニ候。貴賤を撰《えら》ばず、数寄仕り候ほどの者、罷り出候。此の通り、各々へ申し伝えらるべく候。以上。

一、釜風炉　一、水指ツル（釣瓶）へ
一、かけ物免々（面々）持ち合わせ候内、秘蔵一つ
一、茶入右同前　一、菓子一種
来廿二、三日比《ごろ》より、各々申し合わされ候て、上洛然るべく候。恐々かしく。
九月十五日　易（花押）
〆　千宗巴まいる
御宿所　聚楽より

「茶湯御政道」を標榜した信長と違い、秀吉は麾下《きか》の大名・武将はおろか、一般庶民にまで茶の湯を解放してみせた。というより、信長の「茶湯御政道」があったからこそ、秀吉の「解放」に意味があった。そうした試みは、信長の菩提所《ぼだいしょ》である大徳寺総見院にて天正十三年（一五八五）三月八日に開催された茶会でもすで

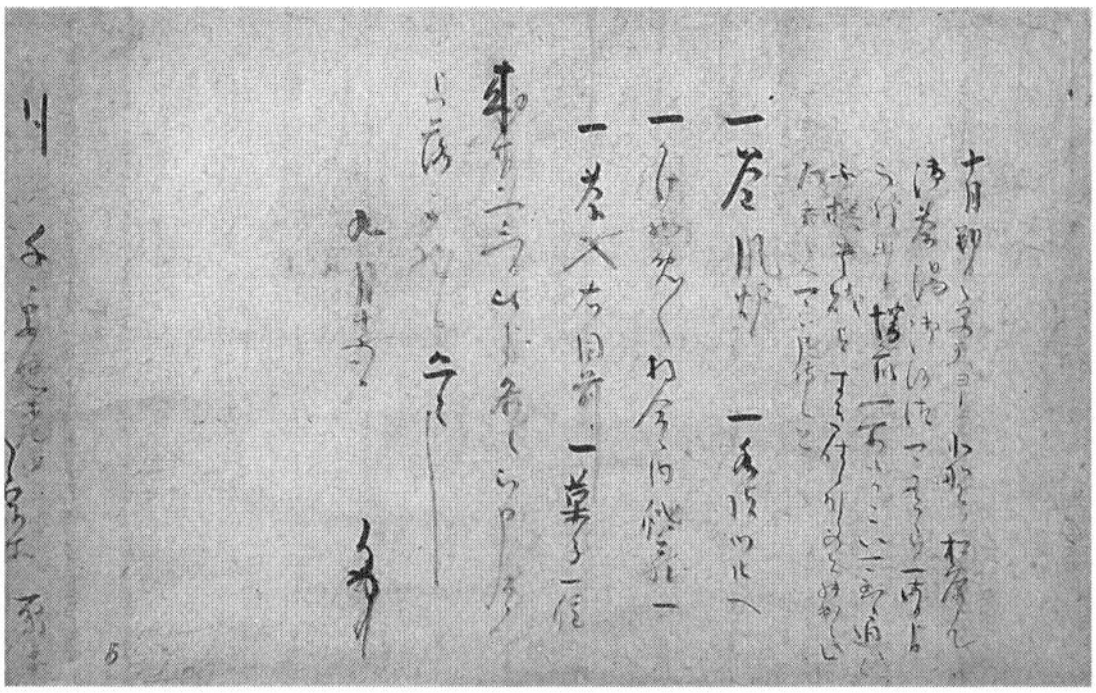

千利休自筆書状。（天正15年） 9月15日付、千宗巴宛
（大阪城天守閣蔵）

に行われていたが、黄金の茶室を設置し、名物茶器を数多く取り揃え、畿内に限らず遠国、果ては唐国（中国）の人々にまで、身分を問わず参加を呼びかけた、この北野大茶湯こそ、茶の湯に対する秀吉の考え方・見識が集大成された大イベントであったと評価できる。秀吉にとっても、利休にとっても、まさに絶頂の極みであった。

九月十五日付で、千宗巴に宛てた利休の自筆書状は、秀吉と利休が手を携えて企画・実行した北野大茶湯の第一級史料で、根本史料の一つなのである。

〈参考文献〉

桑田忠親『豊臣秀吉研究』角川書店、一九七五年
桑田忠親『豊臣秀吉』角川文庫、一九八四年
千宗左・千宗室・千宗守監修『利休大事典』淡交社、一九八九年
林屋辰三郎『図録茶道史——風流の成立／利休の道統』淡交社、一九八〇年
林屋辰三郎ほか編『角川茶道大事典』角川書店、一九九〇年
村井康彦責任編集『茶道聚錦三　千利休』小学館、一九八三年
米原正義「茶の湯」（岡本良一ほか編『織田信長事典』新人物往来社、一九八九年）
渡辺武『豊臣秀吉を再発掘する』新人物往来社、一九九六年
渡辺良次郎「茶の湯」（杉山博ほか編『豊臣秀吉事典』新人物往来社、一九九〇年）

第4章 豊臣秀吉の神格化と豊臣秀吉画像

✣織田信長・豊臣秀吉・徳川家康の肖像画

織田信長・豊臣秀吉・徳川家康――彼ら三人の登場によって、百年以上続いた戦乱の世に終止符が打たれ、わが国の歴史は中世から近世へと大きく展開した。

次に掲げるのはその三人の肖像画である。

織田信長のそれは、国の重要文化財に指定され、現在は神戸市立博物館の所蔵となっているが、元来は信長が創建し、今も安土城跡に法灯を伝える摠見寺《そうけんじ》に伝来したものである。

次に豊臣秀吉のそれは、秀吉正室北政所《きたのまんどころ》お祢《ね》（高台院《こうだいいん》）創建の京都・高台寺に伝来する二幅の秀吉画像のうちの一つで、一般に高台寺乙本と呼ばれる画像である。

最後に徳川家康のそれは、元和二年（一六一六）四月十七日に駿府城内で亡くなった家康が、最初に葬られた久能山に鎮座する久能山東照宮伝来の画像である。

三幅を見比べると、信長画像では像主信長が上畳《あげだたみ》の上に座すだけで、周りに何の設《しつら》えもないのに対し、秀吉と家康の画像では、像主である秀吉・家康はともに、天幕が懸けられ勾欄《こうらん》をめぐらした建物の中に座しており、信長画像と秀吉・家康画像はその点で大きく違う。

三幅の画像にはいずれも上部に像主を称える賛がしたためられているが、信長画像では像主信長を「摠見《そうけん》院殿贈大相国一品泰巌大居士《いんでんぞうだいしょうこくいっぽんたいげんだいこじ》」と表現するのに対して、秀吉画像は秀吉を「豊国大明神《とよくにだいみょうじん》」、家康画像は家康

徳川家康画像
（久能山東照宮博物館蔵）

豊臣秀吉画像
（高台寺蔵・乙本）

織田信長画像
（神戸市立博物館蔵）

を「東照大権現《とうしょうだいごんげん》」と記す。要するに、信長画像と秀吉・家康画像の表現の差異は、信長が従来どおり、死後に仏式で法号を贈られたのに対し、秀吉と家康は神格化されたことに起因しており、秀吉と家康は神殿の中に鎮座する姿で描かれているのである。

✣豊臣秀吉の神格化

秀吉は慶長三年（一五九八）八月十八日に伏見城内で六十二年の生涯を閉じたが、第二次朝鮮出兵（慶長の役）の真っ最中であったため、その死は極秘とされた。

まもなく秀吉創建の京都・東山の大仏殿（のちの方広寺）に近い阿弥陀ヶ峰の麓で社殿の建設が始まる。その様式は菅原道真を祀る北野天満宮に倣い「八棟作《やつむねづくり》」とされる予定であると、醍醐寺三宝院門跡の義演はその日記『義演准后《ぎえんじゅごう》日記』の慶長三年（一五九八）九月七日条に記している。

同日記の九月十一日条には、この神社建設について、「大仏山寺（大仏殿）に鎮守建立」と記される。建設工事を指揮したのは、秀吉のもとで多くの寺社を建設した高野山の木食応其《もくじきおうご》（興山上人）で、義演はその応其から来る九月十五日に社殿建設の地鎮祭を執り行うので、出仕して欲しいとの依頼を受けている。

九月十五日には予定どおり地鎮祭が行われ、大仏殿鎮守社の建設は順調に進捗した。

翌慶長四年（一五九九）正月五日、前田玄以《げんい》・浅野長政・石田三成ら豊臣政権の五奉行が元結《もとゆい》を払った。朝鮮半島からの日本軍の撤収が無事完了したことから、秀吉の死が公表され、五奉行が弔意を表したのである。義演は、この日の日記に、大仏殿の鎮守社という名目で建設されてきた神社は、実は亡き秀吉を祀るものであるとし、秀吉の遺体が今なお伏見城中に安置されていることを記している。

そして、この秀吉の神格化は秀吉自身の遺言であったことが、『お湯殿の上の日記』慶長四年（一五九九）三月五日条に記されている。『お湯殿の上の日記』は天皇に近侍する女官たちが交代で書き継いだ日記である。『義演准后日記』同年四月十三日条には、この日の夕刻、秀吉の遺体が伏見城から阿弥陀ヶ峰に移されたことが記されている。『戸田左門覚書』は、秀吉の遺骸は「壺に入れて朱にてつめ、棺槨に入れ、阿弥陀峯に納る」と記している。

その前日、四月十二日には、当時神道界の頂点に立っていた吉田兼見《かねみ》とその弟梵舜《ぼんしゅん》がこの「大仏の社」に赴き、社殿内で儀式を執り行ったことが梵舜の日記『舜旧記』の慶長四年（一五九九）四月十二日条に記される。

『舜旧記』は四月十六日条になると、「大仏の社」を「豊国社」と記すようになる。そして、翌十七日に朝廷から宣命使《せんみょうし》として正親町季秀《おおぎまちすえひで》が派遣され、十八日には正遷宮《しょうせんぐう》が執行されて、ここに豊臣秀吉を祀る豊国社が誕生した（『舜旧記』四月十七・十八日条）。

秀吉を祀る神社が「豊国社」となったのは、朝廷から秀吉に「豊国大明神」という神号が贈られたからであるが、秀吉七回忌の慶長九年（一六〇四）八月に行われた豊国臨時祭礼の記録に、その神号の由来が記されている。

『豊国大明神臨時御祭礼記録』は、織田信長・豊臣秀吉に近侍した太田牛一《ぎゅういち》がまとめたものであるが、それによると、わが国の本来の名は「豊葦原中津国《とよあしはらのなかつくに》」というが、秀吉はこの国の支配者だったので、「豊葦原中津国」を略して「豊国」としたのだという。けれど、そこにはもちろん「豊臣家」の支配する「国」という意味も込められていたに違いない。

✣新八幡

ところが、伊達政宗の従弟で、伊達家重臣でもあった伊達成実《しげざね》が記した『伊達日記』には、「秀吉公、新八幡と祝い申すべき由、御遺言に候へども、勅許なきによって豊国ノ明神と祝い申し候」と記される。同様のことは徳川幕府関係者の記録『当代記』慶長四年（一五九九）四月十九日条にも記されている。

そして、一五九八年十月三日（慶長三年九月三日）付のイエズス会宣教師フランシスコ・パシオの書簡にも、最後に太閤様は、自らの名を後世に伝えることを望み、まるでデウスのように崇められることを希望して、「日本全土で（通常）行なわれるように」遺体を焼却することなく、入念にしつらえた柩に収め、それを城内の遊園地に安置するようにと命じました。こうして太閤様は、以後は神［この名は存命中に徳操と戦において優れていた偉大な君侯たちの特性であり、死後はデウスたちの仲間に加えられると考えられています］の列に加えられ、シンハチマン、すなわち、新しい八幡と称されることを望みました。

とあるので、秀吉自身が「新八幡」という神号を望んだことは間違いない。

パシオは、その理由を「なぜなら八幡は、往昔のローマ人のもとでの（軍神）マルスのように、日本人の間では軍神として崇められていたからです」と説明するが、「八幡」は単なる軍神ではなかった。当時、八幡神は神功《じんぐう》皇后と応神天皇の母子神、あるいは応神天皇と考えられ、伊勢神宮の祭神天照大御神《あまてらすおおみかみ》に次ぐ第二の皇祖神と位置付けられていたのである。朝廷が秀吉の望んだ「新八幡」を勅許しなかったのも、おそらくそれが理由だったと考えられる。

『日本書紀』や『古事記』によると、神功皇后は胎内に応神天皇を宿しながら朝鮮半島への出兵を敢行し、わずか三ヶ月で新羅・百済・高麗の三国を服属させたと伝えられる。これが、秀吉が「新八幡」の神号を望んだ理由であろう。

太田牛一の著した『太閤さま軍記のうち』には、秀吉による第一次朝鮮出兵（文禄の役）に先立ち、志賀海《しかうみ》神社（福岡市東区志賀島）の神宮寺である吉祥寺の社僧が同寺の縁起絵巻を京都の聚楽第《じゅらくてい》に持参したことが記される。その絵巻には神功皇后による三韓征服の様子が描かれていたので、これを見た秀吉は「御本意にたつせらるべき奇瑞、眼前なり」とたいそう喜んだと記されている。『太閤さま軍記のうち』では、神功皇后が凱旋後に生んだ応神天皇のことを「これすなはち、今の世の八幡大菩薩なり」と記しているから、秀吉は八幡という神が何であるかをよく承知していたと考えられる。それゆえ彼は「新八幡」という神号を望んだのである。

✣朝鮮出兵

実際の秀吉の朝鮮出兵は神功皇后伝説のようには簡単に事は運ばず、戦場となった朝鮮半島の人々、戦争継続のため重税を課されたわが国の人々、彼我双方で多くの民衆を苦しめ、たくさんの犠牲者を出した。

では、秀吉による朝鮮出兵とはいったい何だったのだろうか。

秀吉の朝鮮出兵に関しては、秀吉と側室淀殿との間に生まれた第一子鶴松（棄丸《すてまる》）が、出兵前年の天正十九年（一五九一）八月五日にわずか三歳でこの世を去っていることから、愛児を喪った秀吉がその悲しみを紛らわせるために引き起こした「暴挙」であるとか、さすがの秀吉も寄る年波には勝てず、耄碌《もうろく》した秀吉が仕出かした「愚行」などと語られたりするが、いずれの考えも正しくない。

秀吉の主君であった織田信長は、「毛利を平定し、日本六十六カ国の絶対君主となった暁には、一大艦隊を編成してシナを武力で征服し、諸国を自らの子息たちに分かち与える考え」（フロイス『日本史』）を持っていたし、秀吉自身も、未だ九州も、関東・東北も平定していない天正十四年（一五八六）の段階で、「日本全土を征服し、その地位についたのは、領地も金も銀も十分に持っているので、それをめざしたものではなく、ただ単に死んだ時その名と権力の名声を残し、日本のことを安定させるようただすことを決心したためであり、それが完成すれば、国を弟の（羽柴）美濃守（秀長）殿に渡」して、「自分は朝鮮とシナを征服することを決心し」たと語っているので（一五八六年十月十七日付　ルイス・フロイス書簡）、日本全土を統一したのち、大陸へ派兵するという計画は早くからの既定路線だったのである。

天正二十年（文禄元年、一五九二）五月十八日付で、太閤秀吉から関白秀次に送った朱印状が遺されている。二十五ヶ条に及ぶ長大な朱印状で、この中で秀吉は大陸制覇が成就した際の計画を以下のように記す。
・後陽成《ごようぜい》天皇を北京（「大唐都」）に移して中国の皇帝とする。天皇には北京周辺の十ヶ国を領地として進上するので、公家衆の所領についてはその中から与える。
・豊臣秀次を中国の関白（「大唐関白」）とし、北京周辺の百ヶ国をその領地とする。
・日本の関白（「日本関白」）については、豊臣秀保《ひでやす》（秀次の弟で、故豊臣秀長の養子）か宇喜多秀家、どちらかふさわしい方に命ずる。
・日本の天皇（「日本帝位」）には良仁《かたひと》親王（後陽成天皇の子）か智仁《としひと》親王（後陽成天皇の弟）のどちらかとする。
・朝鮮（「高麗」）については豊臣秀勝（秀次の弟）、あるいは宇喜多秀家に任せる。その場合、豊臣秀俊（のちの小早川秀秋）は九州に置くこととする。

同じ内容を秀吉の右筆《ゆうひつ》山中橘内《きつない》が同日付で北政所お祢《ね》付きの侍女「ひがし」「きゃく人」に書き送っているので、これが中国大陸制覇後の中国・日本・朝鮮の統治プランであったことは疑いない。

秀吉は主君の織田信長同様、イエズス会宣教師らヨーロッパ人と親しく付き合い、彼らがもたらす最新の地理情報などに接していたが、一方で彼は伝統的な中華思想の持ち主でもあった。この統治プランにはそれが明瞭に表れている。

中華思想とは、中国こそが世界の中心で、日本や朝鮮、満州、蒙古（モンゴル）、ベトナム、タイ、カンボジアなど、周辺の異民族国家はすべて属国、蛮国とみなす考え方である。

秀吉による朝鮮出兵は、戦前のわが国による大陸進出と安易に重ねて語られたりもするが、根底にある思想が異なり、両者は決定的に違う。日本を唯一無二の「神国」とした戦前の日本では天皇を北京に移すという発想は絶対に出てこなかった。

それに対し、中華思想の持ち主であった秀吉は、中国こそ世界の中心だと考えた。けれども、秀吉の考える「中国」とは漢民族（中国民族）の国家という意味での「中国」ではなく、器としての「中国」であって、その主宰者は漢民族でなくともよかったのである。かつて蒙古族（モンゴル民族）が「元」を樹立し、秀吉ののちには満州族が「清」を打ち立てたように、秀吉は日本民族による「中国」（中華帝国）を樹立しようと考えたのである。朝鮮出兵はそれを目指した軍事行動であった。

✣豊臣秀吉画像

秀吉は「新八幡」という神号を望んだが勅許《ちょっきょ》を得られず、結局、「豊国大明神」という神になった。けれど、その「豊国大明神」には彼が望んだ性格が付与された。

慶長四年（一五九九）四月十八日に正親町季秀が読み上げた宣命には「兵威を異域の外に振るい、恩沢《おんたく》を卒《そつ》土《ど》の間に施す」と記された。

こうした「豊国大明神」の性格は現存する秀吉画像の賛文においても確認できる。

織田信長画像・面貌部分
（神戸市立博物館蔵）

豊臣秀吉画像・面貌部分
（高台寺蔵・乙本）

徳川家康画像・面貌部分
（久能山東照宮博物館蔵）

たとえば高台寺甲本の慶長三年（一五九八）八月十八日付の賛には「倭国を護すと雖《いえど》も、威を大明《だいみん》に振るう」、サンフランシスコ・アジアミュージアム本の慶長四年（一五九九）四月十八日付の賛には「朝鮮・震旦《しんたん》ともに来貢」とある。「震旦」は中国の異称である。また、等持院本の慶長四年（一五九九）四月十八日付の賛には「竺支倭《じくしわ》の権柄《けんぺい》を執り」、西教寺本の慶長五年（一六〇〇）五月十八日付の賛には「竺支日東《にっとう》を照徹《しょうてつ》」と記される。「竺」は「天竺」で、すなわちインド、「支」は「支那」で、すなわち中国。これら秀吉画像の賛では、朝鮮出兵の事実を大きく離れ、秀吉は、日本・朝鮮はおろか、中国・インドまでを支配下に収めた「英雄」と称賛されているのである。

最後に改めて冒頭に掲げた信長・秀吉・家康の画像を見比べてみよう。信長・家康がわが国伝統の垂纓《すいえい》の冠を被るのに対し、秀吉は中国風の唐冠を被っている。

若干の例外こそあるものの、秀吉画像では、像主秀吉は神殿の中に座し、唐冠を被る姿で描かれるのが大きな特徴となっている。

それは大陸にまでその威を轟《とどろ》かせた「偉大なる軍神」豊国大明神を表現したものなのである。

〈参考文献〉

北川央「豊臣秀吉像と豊国社」(黒田日出男編『肖像画を読む』角川書店、一九九八年)
北川央「秀吉の神格化」(堀新・井上泰至編『秀吉の虚像と実像』笠間書院、二〇一六年)
斎藤夏来「秀吉の画像賛」(『禅学研究』八六号、二〇〇八年)

第5章　お市の方と三人の娘たち

✣小谷落城後のお市の方

織田信長の妹お市の方が、北近江の戦国大名浅井長政のもとへ嫁いだのは、永禄十一年（一五六八）のことと考えられ、この年信長は九月二十六日に足利義昭を奉じて上洛を果たし、長政も義兄信長の上洛戦に参加し、協力している。

お市の方と長政との結婚は、織田家と浅井家という戦国大名同士が、政治的同盟を結ぶための政略結婚ではあったが、二人はきわめて仲睦まじく、結婚の翌年、永禄十二年（一五六九）には長女茶々が生まれ、続いて翌永禄十三年（元亀元年、一五七〇）には次女初《はつ》が、さらに元亀四年（天正元年、一五七三）には三女江《ごう》（小督《おごう》・お江与《えよ》）が誕生した。茶々はのちの豊臣秀吉の側室淀殿で、初は京極高次《きょうごくたかつぐ》の正室、江は徳川幕府の二代将軍秀忠の正室となった。

ところが、お市の方と長政との円満な結婚生活とは裏腹に、お市の方の兄織田信長と夫浅井長政の関係は、その後急速に悪化する。永禄十三年（元亀元年、一五七〇）四月に、浅井家とは古くから関係の深い越前の戦国大名朝倉義景に対し、信長が攻撃を仕掛けたことがきっかけであった。長政は信長との同盟関係を破棄して朝倉義景と連携し、越前に侵入した信長軍を背後から襲い、朝倉・浅井両軍に挟撃される格好となった信長軍は窮地に追い込まれ、這々《ほうほう》の体で京都へと逃げ帰ったのである。

そして同年六月二十八日に史上有名な姉川合戦が行われ、織田信長・徳川家康の連合軍が朝倉義景・浅井長政の連合軍を撃破した。やがて信長は再び越前に攻め込んで、天正元年（一五七三）八月二十日に朝倉義景を自刃させ、同月二十七日には小谷城《おだに》を落として、浅井家を滅亡させたのである。

ところで、通常は、政治的な同盟関係が破綻《はたん》すると、妻は離別され、生家に戻されるのであるが、お市の方はそのまま浅井家に残っただけでなく、浅井家滅亡の天正元年（一五七三）に至ってもなお、三女江を生んだ。そして、いよいよ落城となったその直前に、長政はお市の方と三人の娘たちを小谷城から外に出した。お市の方婚姻の際にともに織田家からやって来て浅井家に仕えていた藤掛三河守がお市の方と三人の娘たちを預かり、信長本陣まで送り届けたのである。落城の際には女子の命は助けるというのが、戦国時代の一般的な作法であった。

さて、『寛政重修諸家譜《かんせいちょうしゅうしょかふ》』によると、浅井長政には茶々ら三人の娘たちとは別に、万福丸・万寿丸という二人の男児があったとされる。

嫡男の万福丸は、小谷落城後、余呉湖《よごこ》のほとりに匿《かく》まわれているのを織田軍の懸命な探索によって発見され、串刺しの刑に処せられた。『信長公記』によれば、処刑は関ヶ原で行われたというが、「浅井備前が十歳の嫡男」とあり、万福丸はこのとき十歳であったことが知られるので、永禄七年（一五六四）の誕生だったことになり、その生母はお市の方とは別の女性であった。

また、二男万寿丸も身を隠したが、幸いにしてこちらは命を奪われることなく、仏門に入って正芸と号し、のち近江国坂田郡長沢村（現・滋賀県米原市長沢）の福田寺《ふくでんじ》の住職になったと伝えられる。福田寺は湖北十ヶ寺の一つに数えられる浄土真宗本願寺派の有力寺院で、「長沢御坊」と通称される。

この万寿丸は元亀四年（天正元年、一五七三）の誕生とされ、同年お市の方は三女江を生んでいるので、万寿丸の生母もまたお市の方とは別の女性であった。

長政にはこの他にもう一人、喜八郎という男児があったが、彼についてはのちに詳しく触れることとする。

浅井長政の二男万寿丸がのちに正芸と号し、住職をつとめたと伝えられる
滋賀県長浜市の福田寺（長沢御坊）

ただし、この喜八郎の母もまたお市の方ではなかった。

さて、小谷落城後、お市の方は五歳の長女茶々、四歳の次女初、そして生まれたばかりの江の三人の娘たちとともに兄信長に保護され、信長の叔父で、守山城主の織田信次に預けられることとなった（「渓心院文」）。ところが、天正二年（一五七四）九月二十九日に伊勢・長島の一向一揆との闘いで信次が討死を遂げたため、信長がお市の方と娘たちを居城岐阜に引き取った。

お市の方は、亡夫長政の菩提を弔うために落飾して尼になることは許されなかった。「天下布武《てんかふぶ》」のスローガンを掲げ、天下統一に邁進《まいしん》する信長にとって、お市の方はまだまだ使える貴重な政略結婚の道具だったからである。また日々成長著しい茶々ら三人の娘たちも、信長の眼には同様の存在として映ったかもしれない。

ところが、信長が彼女らを有効活用する以前に、天正十年（一五八二）六月二日、本能寺の変が起こり、信長は四十九歳で非業の死を遂げてしまう。そして主君信長を討った明智光秀は、同年六月十三日の山崎合戦で羽柴秀吉と戦って敗れ、居城の近江・坂本城に向かって敗走の途中、落武者狩りに遭い、彼もまた無惨な最期を遂げた。

逆臣光秀を討った羽柴秀吉と、織田家宿老の柴田勝家・丹羽《にわ》長秀《ながひで》・池田恒興《つねおき》が清須城に参集して、信長亡き後の織田家の運営について話し合ったのは同年六月二十七日のことで、家督をめぐって、信長の二男信雄《のぶかつ》と三男信孝が激しく争い、柴田勝家が信孝を強く推したが、秀吉は信長の嫡孫三法師《さんぼうし》（本能寺の変で信長とと

福井市の柴田神社境内に立つ柴田勝家のブロンズ像。昭和42年(1967)、雨田光平氏の作

もに亡くなった嫡男信忠の遺児で、のちの秀信）を推し、結局丹羽長秀らも秀吉の意見を支持して、三法師が織田家々督を継承する。こうして、羽柴秀吉と柴田勝家・織田信孝との対立の構図があらわになるのであるが、そうした状況の中、信孝の居城岐阜城で柴田勝家とお市の方との婚儀が行われ、お市の方は、勝家のもとへ再嫁した。この結婚については、お市の方にとっては甥にあたる信孝の、勝家との関係強化をはかろうとする意志が強く働いたが、一方で三法師を織田家々督にすえるために、一種の交換条件として秀吉も了承したのではないかとも考えられている。

三人の娘を連れて勝家の居城・北ノ庄城（福井市中央）へと入ったお市の方ではあったが、ここでの安穏な生活も長くは続かず、まもなく天正十一年（一五八三）四月二十一日に賤ヶ岳合戦が行われ、柴田勝家は羽柴秀吉に大敗して北ノ庄城に逃げ帰り、秀吉の大軍が包囲する中、同月二十四日、妻お市の方とともに自害し果てた。小瀬甫庵《おぜほあん》の著わした『太閤記』によると、このときお市の方は「さらぬだに　打ぬる程も　なつの夜の　わかれをさそふ　ほとゝぎすかな」と辞世を詠み、勝家が「夏の夜の　夢ぢはかなき　跡の名を　雲井に上《あげ》よ　山郭公《やまほととぎす》」と応じたという。

この北ノ庄落城に際しても、「戦国の慣《ならい》」にしたがい茶々ら三人の娘が城外に出されている。にもかかわらず、お市の方が夫勝家と運命をともにしたことについては、さまざまな理由が想定されている。天正七年（一五七九）の有岡城攻めで織田信長が荒木村重《むらしげ》の妻子、家臣たちの妻子、女房たち数百人を惨殺して以降、縁座が拡大する傾向にあったこと。勝家の側室や女房たちも自害の覚悟を決めたこと。そして、三法師や信雄こそ健在ではあったが、すでに信孝も秀吉の軍門に降《くだ》ってしまっており、お市の方が帰るべき織田家がもはや存在しなくなっていたこと、等々である（田端泰子『戦国の女たちを歩く』）。

✣その後の三姉妹

北ノ庄落城ののち、茶々ら三人は羽柴秀吉の保護を受ける身となった。秀吉は小谷城攻めでも信長軍の先峰をつとめ、『浅井三代記』によれば、長政の嫡男万福丸を串刺しにしたのは信長の命を受けた秀吉であったという。要するに、茶々ら三人にとって、秀吉は、父浅井長政、兄万福丸、母お市の方、義父柴田勝家の命を次々と奪い去った、いくら憎んでも憎み切れないほどの敵《かたき》であった。その秀吉の保護を受けざるを得ない屈辱的な立場に彼女らは身を置かざるを得なくなったのである。

さて、信長の姪にあたる三人の娘たちは、秀吉にとっても利用しがいのある大切な政略の道具であった。秀吉は当初、彼女ら三人を三法師の住まいする安土城に置き、すでに秀吉の側室となっていた京極龍子《たつこ》に養育を委ねたのではないかと考えられている。龍子は京極高吉《たかよし》の娘であるが、母は浅井久政の娘（マリア）で、長政の姉にあたる。したがって龍子は三人の娘たちにとっては従姉《いとこ》ということになり、茶々らの保護者・養育係としてはきわめてふさわしい存在であった。

(1) 江のその後

やがて三人の娘たちは、秀吉が天下統一の拠点として建設中の大坂城に呼び寄せられたと考えられるが、早くも天正十二年（一五八四）には末娘の江が、十二歳の若さで、尾張国知多郡大野城（愛知県常滑市金山）の城主佐治与九郎一成《さじよくろうかずなり》のもとへと嫁いだ。一成は織田信雄配下の部将ではあったが、佐治家は尾張の名門で、一成の母はお市の方の姉、お犬《いぬ》の方であった。したがって、江と佐治一成とは従兄弟《いとこ》同士だったわけであるが、もちろんこの結婚は秀吉による信雄懐柔策として行われたもので、秀吉は主君信長の二男として清須城を拠点に一大勢力を維持する信雄陣営に一定の楔《くさび》を打ち込むことを目論んだ。

けれども、事態は秀吉の期待どおりには運ばず、江が輿入《こしい》れしてまもなく、天正十二年（一五八四）三月には織田信雄は父信長の盟友徳川家康と結んで秀吉と対立するようになり、いわゆる小牧・長久手合戦が勃発する。合戦は同年十一月十一日に信雄が秀吉と単独講和することで一定の決着を見、名目を失った家康は兵を居城・浜松城へと戻すのであるが、その際佐治領内の大野川に渡船がなく家康軍が難渋《なんじゅう》しているのを見かねた一成が、船を調達して家康を援助したため、一成は秀吉の逆鱗《げきりん》に触れ、江は一成と離別させられて、秀吉のもとへ戻った。

そして天正二十年（文禄元年、一五九二）二月、江は秀吉の甥、羽柴秀勝に再嫁する。秀勝は秀吉の姉（瑞《ずい》龍院日秀《りゅういんにっしゅう》）と三好吉房《よしふさ》との間に生まれた二男で、兄に秀吉の後継者として関白になった秀次、弟に大和大納言秀長《ひでなが》の後継者となり、〝大和中納言〟と称された秀保《ひでやす》がいる。この秀勝は、他に秀吉が長浜城主だった時代に側室南殿との間に生まれたとされる石松丸《いしまつまる》秀勝と、信長の四男で秀吉の養子になった於次《おつぎ》秀勝という二人の「秀勝」がいるので、彼らと区別する意味で、通常「小吉《こきち》秀勝」の名で呼ばれる。

江は、小吉秀勝との間に一女完子《さだこ》を儲《もう》けたが、夫秀勝は第一次朝鮮出兵（文禄の役）に出陣し、天正二十年（文禄元年、一五九二）九月九日、その陣中で病没してしまう。

寡婦《かふ》となった江であるが、文禄四年（一五九五）九月十七日、徳川家康の三男で、家康の後継者の立場にあった秀忠と三度目の結婚をする。このとき秀忠は十七歳、江は二十三歳になっていた。

慶長三年（一五九八）八月十八日に豊臣秀吉が亡くなると、同五年九月十五日には関ヶ原合戦が起こり、これに勝利した家康は慶長八年（一六〇三）二月十二日征夷大将軍となって江戸に幕府を開いた。二年後の慶長十年（一六〇五）四月十六日、家康はあっさりと将軍を辞し、代わって秀忠が二代将軍となった。江は晴れて将軍家の御台所《みだいどころ》となったわけである。

これより先、江は慶長二年（一五九七）に長女千姫《せんひめ》を生み、慶長四年（一五九九）には二女子々姫《ねね》、慶長五年（一六〇〇）には三女勝姫、慶長八年（一六〇三）には四女初姫を次々と生んだ。そして慶長九年（一六〇四）には嫡男竹千代が生まれた。のちの三代将軍家光である。続いて慶長十一年（一六〇六）には二男国松が生まれた。こちらはのちの駿河大納言忠長である。さらに慶長十二年（一六〇七）に江は五女和子《かずこ》を生んだが、この和子は、のち元和六年（一六二〇）六月十八日、十四歳で入内《じゅだい》し、元和九年（一六二三）後水尾天皇との間に興子《おきこ》内親王を生んだ。この興子内親王が、寛永七年（一六三〇）九月十二日に即位する。これが明正《めいしょう》天皇で、奈良時代の称徳天皇以来の女帝であった。この明正天皇は浅井長政・お市の方夫婦にとっては、曽孫《ひまご》にあたる。江自身は、孫娘が帝位につくのを見ることなく、寛永三年（一六二六）九月十五日、五十四歳でこの世を去った。法名は崇源院殿昌誉和興仁清大禅尼で、墓所は徳川将軍家の菩提寺である東京・芝の増上寺にある。

(2) 初のその後

妹の江が佐治一成に嫁いで三年後、天正十五年（一五八七）に今度は二女初が京極高次に嫁いだ。京極家は近江源氏佐々木氏の一流で、代々北近江を支配した守護大名であった。浅井氏はそもそもこの京極家に仕えた譜代の家臣であったから、浅井家にとって京極家は元来の主筋にあたる。しかも高次の母（マリア）は浅井久政の娘で、長政の姉にあたるから、高次と初とは従兄弟同士で、マリアにとっても自らの実家から息子の嫁を迎えることは歓迎すべきことだったに違いない。

京極高次は本能寺の変の際に判断を誤って明智光秀に味方し、秀吉の居城・長浜城を攻撃した。さらに光秀滅亡後は柴田勝家を頼り、ここでも秀吉に敵対して、京極家は存亡の危機に陥った。この窮地を救ったのが、高次の姉龍子で、彼女は若狭の守護大名武田元明に嫁いだものの、夫元明が本能寺の変で光秀方に与《くみ》し、山崎合戦後に殺されたため、以後は秀吉の側室（松の丸殿）となっていた。この龍子の強い働きかけによって、高次は秀吉に許され、天正十二年（一五八四）に近江国高島郡田中郷で二千五百石を宛行《あてがわ》れ、天正十四年（一五八六）には五千石に加増され、天正十五年（一五八七）の九州攻めからの帰陣後には、その戦功を賞されて、近江国高島郡大溝で一万石を領する大名となった。豊臣政権下の大名として第一歩を踏み出したわけで、そのような状況下での高次と初との結婚は、秀吉との関係をさらにいっそう強化する上で、京極家にとってはたいへん重要な意味をもった。あるいは、この結婚の背景にも、生家を案じる龍子の存在を想定することも可能かもしれない。

高次はその後、天正十八年（一五九〇）には近江八幡山城二万八千石、文禄四年（一五九五）には大津城六万石と順調に累進を重ね、関ヶ原合戦後は若狭・小浜八万五千石に転じ、翌年には九万二千石に加増となったが、慶長十四年（一六〇九）五月三日に四十七歳で亡くなった。高次と初の間には子供ができず、高次が側室山田氏に生ませた熊麿《くままろ》が跡を継いだ。これが忠高で、高次にはもう一人小倉氏との間に男児があった。これが高政である。

夫高次の死後、初は落飾して常高院《じょうこういん》と号し、寛永十年（一六三三）八月二十七日、京極家の江戸屋敷で六十四年の生涯を閉じた。遺体ははるばる木曽路を越えて若狭に帰り、いったん小浜《おばま》城内に入った後、荘厳な葬儀が営まれて、遺言にしたがい常高寺裏山で荼毘《だび》に付され、埋葬された。

常高寺（福井県小浜市小浜浅間）は、常高院が夫や自らの菩提寺として寛永七年（一六三〇）に創建した臨済宗妙心寺派の寺院で、境内背後の墓所には常高院の立派な墓塔（宝篋印塔《ほうきょういんとう》）が立ち、脇に小少将《こしょうしょう》・新太夫《しんだゆう》ら七人の侍女の墓塔が並ぶ。彼女らは常高院に近侍して身のまわりの諸事をつとめた侍女で、常高院が亡くなると落飾し、遺体に付き添って小浜に戻った。そして、常高院の寺内に庵（尼僧寺）を結んで、亡き主人の菩提を弔ったのである。初の法号は常高院殿松巖栄昌大姉である。

福井県小浜市・常高寺にある常高院の墓塔

京都市伏見区納所・妙教寺境内に立つ「淀古城址」の碑。淀殿が住み、鶴松を生んだ淀城は江戸時代の淀城（京都市伏見区淀本町）と場所が違い、納所にあった

(3) 茶々のその後

江・初の妹二人がそれぞれ佐治一成・京極高次に嫁いだ後、長女の茶々はやがて秀吉の側室となって、懐妊する。

秀吉は、茶々の出産のため、天正十七年（一五八九）正月から淀城の築城工事を始め、三月には完成する。そして茶々はこの城に入り、「淀のもの」とか「淀の女房」など呼ばれるようになる。本章では通例にしたがい「淀殿」と呼ぶこととするが、同年五月二十七日、淀殿は秀吉にとって待望の男児を出産した。

淀殿の生んだ男児は、「棄子《すてご》はよく育つ」という俗信によって「棄《すて》」と名付けられ、まもなく「鶴松」と呼ばれるようになり、秀吉はたいそうかわいがったが、残念ながら天正十九年（一五九一）八月五日にわずか三歳で夭逝《ようせい》する。大いに落胆した秀吉は、同年十二月二十七日に甥の秀次に関白職を譲り、自らは隠居して「太閤」を称するようになった。

再び子供を得ることをあきらめた秀吉であったが、肥前・名護屋城で第一次朝鮮出兵（文禄の役）の指揮をとる彼のもとに再び朗報がもたらされた。再度懐妊した淀殿が、文禄二年（一五九三）八月三日に大坂城中で男児を生んだのである。「棄」と名付けて鶴松を失った秀吉は、今度は「拾《ひろい》」と名を付けた。のちの豊臣秀頼である。

秀吉は、翌年十二月に自らの居城となっていた伏見城に拾を移し、このとき生母淀殿も大坂城から伏見城に居を移した。

拾をあまりにも溺愛した秀吉は、いったん秀次を豊臣家の後継者に指名して、関白の座も譲ったにもかかわらず、拾に跡をとらせたいという思いにかられるようになり、文禄四年(一五九五)七月、ついに秀次を高野山に追放し、自害に追い込んだ。

こうして淀殿の生んだ拾が豊臣家の世子となり、名も秀頼と改め、慶長二年(一五九七)九月二十八日には秀吉にともなわれて宮中で元服し、従四位下左近衛少将に叙任された。

そして翌慶長三年(一五九八)八月十八日、秀吉は伏見城で六十二年の波瀾に満ちた生涯を終え、その遺言によって、翌慶長四年(一五九九)正月十日、秀頼と淀殿は大坂城に移った。

秀頼の後見をつとめた淀殿は、実質的な大坂城主として、秀吉の死後、関ヶ原合戦から江戸開幕、そして大坂の陣へと至るきわめて困難な時期を懸命に生き、豊臣から徳川へと移りゆく時の流れに精一杯抗《あらが》ってみせた。

大坂の陣の際にも、淀殿は甲冑に身を包んで城内各所を検分し、豊臣方の指令はすべて淀殿から発せられた。

真田幸村(信繁)・後藤基次《もとつぐ》ら豊臣方の智将・勇将も必死に奮戦したが、結局慶長二十年(元和元年、一六一五)五月七日大坂城は落城した。淀殿・秀頼母子と側近の大野治長・大蔵卿局《おおくらきょうのつぼね》らは、山里曲輪《やまざとくるわ》の焼け残りの櫓《やぐら》に潜んだが、翌八日櫓に火を放って自害し、豊臣家は滅亡した。淀殿は享年四十七で、大虞院殿英岩大禅定尼と贈名《おくりな》された。京都市右京区鳴滝の三宝寺境内には、淀殿と秀頼、そして秀頼の子国松の戒名を刻ん

京都市右京区鳴滝の三宝寺境内に立つ淀殿・秀頼・国松の供養塔

大阪城の山里丸に立つ「豊臣秀頼・淀殿ら自刃の地」の碑

だ小さな供養塔が立つ。初（常高院）の養女で、公家の今出川宣季《のぶすえ》に嫁いだ古奈《こな》姫が建てたものである。

✣三姉妹の交流

母お市の方と死別したのちの茶々ら三姉妹の生涯を概観したわけであるが、次に三姉妹相互の交流を紹介してみたい。

(1) 茶々と江

末の妹の江が羽柴秀勝との二度目の結婚で女児を出産したことはすでに述べたとおりであるが、その娘完子《さだこ》は淀殿が養女として育て上げ、慶長九年（一六〇四）に九条幸家《ゆきいえ》に嫁がせた。幸家はのち慶長十三年（一六〇八）に関白となり、完子が生んだ道房《みちふさ》は正保四年（一六四七）に摂政に任ぜられた。

また、江が徳川秀忠との間に生んだ長女千姫は、秀吉生前の家康との約束により、江戸開幕後まもなく、慶長八年（一六〇三）七月二十八日に大坂城の豊臣秀頼のもとに輿入れする。秀頼十一歳、千姫七歳、幼い従兄妹《いとこ》同士の結婚であった。淀殿にとっては、妹江の生んだ姫を愛息の嫁として迎える格好となった。この婚姻のとき、江は懐妊していて身重《みおも》ではあったが、江戸からわざわざ伏見城まで出向いて、大坂城に輿入れするわが娘を見送っている。そして江はまもなく臨月となって、四女初姫を伏見城内で出産するのである。

翌慶長九年（一六〇四）七月十七日には、秀忠の嫡子竹千代（のちの家光）が生まれたこともすでに述べたが、淀殿は、伊勢の慶光院周養《けいこういんしゅうよう》上人に宛てた同年七月二十六日付の手紙に、「ゑど《（江戸）》にもわもじをする〳〵とたんじやう《（誕生）》にて御入候。御心やすく候べく候」と記し、江戸で江が「わもじ」（和子《わこ》、すなわち男児のこと）を生んだことを報じており、安産であったことを心から喜んでいる様子がよくわかる。

さて、家康が江戸開幕後も秀吉の遺命を遵守し、孫娘の千姫を秀頼と結婚させたことで、淀殿は少し胸をなでおろしたに違いない。

ところがその後、家康は徐々に高圧的な態度をとるようになり、豊臣家に対して臣従を迫ったため、淀殿は必死になってこれに対抗した。結果大坂冬の陣・夏の陣が勃発し、淀殿と江とは、豊臣家の女主人と徳川将軍家の御台所として、心ならずも敵対関係に陥ることとなった。そして、豊臣家は滅亡するのであるが、大坂落城に際して千姫は大野治長のはからいで城外に出され、父徳川秀忠の本陣に送り届けられた。千姫は、夫秀頼と伯母で姑の淀殿の助命を懸命に嘆願したのであるが、結局彼女の願いは聞き入れられることなく、豊臣家は滅亡の憂き目を見ることとなったのである。

ただ、秀頼が側室との間に儲けた女児については、千姫の願いによって助命が許され、千姫の養女となり、鎌倉の東慶寺に入寺して、同寺十九世瓊山法清《えざんほうせい》大和尚に師事した。天秀法泰尼《てんしゅうほうたいに》と称した彼女は、のちに師の跡を継いで東慶寺二十世住持となり、父秀頼の菩提を弔っている。彼女は正保二年（一六四五）に三十七歳の若さでこの世を去るが、養母千姫（天樹院《てんじゅいん》）との心温まる交流は生涯続いた。

(2) 初と江

初（常高院）は、夫京極高次が慶長十四年（一六〇九）五月三日に亡くなるまで添い遂げたが、すでに述べたように二人の間に子供はできなかった。

妹江が、大坂城に嫁ぐ娘千姫とともに伏見城までやって来て、伏見城内に設けられた産所で四女初姫を出産したことも先に紹介したが、初はこの初姫を養女として貰い受けた。徳川秀忠に嫁いだ江はそれまでに千姫・子々姫・勝姫を生んでいたが、もし四人目も女児であった場合は、その子を初の養女にするという約束が事前にできていて、初は産屋《うぶや》からそのまま初姫を連れ帰ったと伝えられる（「渓心院文」）。そして、『寛政重修諸家譜』によると、この措置は「東照宮の仰《おおせ》」、すなわち実子にめぐまれぬ初に対する徳川家康の配慮だったというのである。

初姫を養女として大切に育てた初は、側室山田氏の生んだ熊麿にこの初姫を娶《めあわ》せ、夫高次の後継者とした。この初姫とは別に、高次・初夫婦はもう一人、伊勢・桑名城主氏家行広《うじいえゆきひろ》の娘も養女としている。これが、後年、京都の公家今出川宣季に嫁ぎ、三宝寺境内に淀殿らの供養塔を建立した古奈姫である。

(3) 茶々と初

初の夫京極高次は、慶長五年（一六〇〇）の関ヶ原合戦の際、東軍家康方に与《くみ》し、大津城に籠城した。石田三成方西軍の大軍に包囲された城内には、高次の正室初の他、秀吉の側室だった姉龍子（松の丸殿）の姿もあり、立花宗茂軍の放った大筒の弾が大津城の天守に命中して、龍子の侍女二人が微塵《みじん》になり、龍子本人は気絶したと伝えられている。

その戦火渦巻く大津城に北政所お祢《ね》の使者孝蔵主《こうぞうす》と淀殿の使者饗庭《あいば》殿が、高野山の木食《もくじき》上人とともに現れ、両軍の間に立って講和を斡旋《あっせん》し、九月十四日にこれを成立させた。

お祢《ね》と淀殿とは、互いに相容れぬ仲としてとかく語られがちであるが、彼女ら二人はともに手を携えて、故太閤の側室松の丸殿と淀殿の妹初を救ったのである（跡部信「豊家存続に〝連携〟していた淀殿と高台院」）。

城主京極高次は城を出て、法体《ほったい》となって高野山に登るのであるが、結果的には翌十五日に行われた関ヶ原合戦で勝利したのは東軍で、家康は毛利元康・立花宗茂・筑紫広門ら西軍一万五千を大津城に釘づけにした高次の戦功を大いに称え、戦後高次を若狭・小浜八万五千石に加増・栄転させることでその功に報いた。

その高次に宛てた淀殿の手紙が、滋賀県長浜市の知善院に遺されている。慶長十一年から十四年（一六〇六～〇九）頃のものと考えられるこの手紙には、「たび〳〵秀頼、わが身かた（方）へ、御たよりども給候て、御うれしさ、いく（幾）千とせ（歳）までもいわ（祝）ひ入まいらせ候」「又やがて〳〵御のぼりまち（待）入まいらせ候」と記されていて、大坂城の淀殿・秀頼母子と、小浜城主となった京極高次・初夫妻との間に盛んに交流が行われていたことが知られる。

さて、正室である千姫との間には子供のなかった豊臣秀頼ではあるが、側室との間に男女それぞれ一人ずつの子を儲《もう》けた。女児についてはすでに述べたように、大坂夏の陣の際にも助命され、出家して天秀尼《てんしゅうに》と名乗り、鎌倉・東慶寺の住持となったが、男児国松の方は夏の陣後に京都・六条河原で処刑された。

国松の生母は、成田五兵衛の娘（『元寛日記』『系図纂要』他）、渡辺五兵衛の娘（『元和大坂役将士自筆軍功文書』）などと伝えられるが、女児（のちの天秀尼）が捕らえられたことを報ずる「台徳院殿御実紀《たいとくいんでんごじっき》」元和元年五月十二日条には、「又秀頼妾腹に男子あるよし聞えければ。厳に捜索すべしと触らる」とあって、この書きぶりからすると、どうやら徳川幕府では、秀頼に男児があるとの確たる情報は得ていなかった可能性がある。同じ「台徳院殿御実紀」の五月二十一日条によると、「国松丸は。秀頼の妾成田氏の腹に生れ。今年八歳なるが。関東の聞えを憚り。京極の常高院がもとにあづけ置しを。今度の一乱に及び城中へ迎取し」ということであるから、将軍秀忠の娘千姫ではなく、側室との間に男児が生まれたことを淀殿は憚《はばか》り、徳川将軍家に悟られぬよう、極秘裡にこの男児国松を常高院に預けたことが知られるのである。

『大坂陣山口休庵咄《きゅうあんばなし》』は、「国松様御生害の事とき若狭はなし」という項目を設けて、出生から処刑に至るまでの国松の短い生涯について詳細に記すが、それによると、姉淀殿から国松を預かった常高院は、夫を失い後家になっていた「とき弥左衛門」の姉妹に、国松が秀頼の息子であることを知らせずに養育を依頼したという。国松は七歳になるまで「とき弥左衛門」宅で育てられたが、慶長十九年（一六一四）に大坂冬の陣が勃発し、常高院が和睦交渉のために大坂城に出向くことになったので、国松を長持の中に押し込み、常高院の荷物であると偽って大坂城中に運び込んだ。このとき、国松を養育した後家と京極家々臣田中六左衛門もともに大坂城に入った。両軍の間で講和が成立したため、国松はそのまま大坂城中に残って淀殿と同じ部屋で過ごしたが、翌年夏の陣が起こり、いよいよ落城が迫ったとき、淀殿が国松を城外へ脱出させるよう依頼したので、国松は父秀頼と御暇《おいとま》の盃《さかずき》を交わし、後家と田中六左衛門に付き添われて城を出た。ところが徳川方に捕らわれるところとなり、斬首されたという。

京都市東山区の豊国廟に移された国松（左）と松の丸殿（京極龍子）の墓

　このように、大坂冬の陣が勃発し、城中に運び込まれるまで、国松は父秀頼と対面することもなく、京極家領の若狭で育てられた。それが豊臣家と徳川幕府との関係悪化を恐れる淀殿と常高院との下した判断だったのである。

　同じ京極家の人間として、故太閤の側室松の丸殿は、あまりにも短く、あまりにも不幸なこの国松の生涯を心から憐《あわ》れんだのであろう。遺骸を引き取って、自らが中興した京都・誓願寺に葬り、墓塔を建ててその菩提を弔った。現在、この墓塔は松の丸殿のそれと並んで、秀吉が眠る京都・東山の豊国廟の麓に立っている。

　さて、大坂冬の陣の和睦交渉のために常高院が大坂城中に乗り込んだことはすでに記したが、常高院は豊臣方の使者として、城を出て、徳川方として参戦していた京極忠高の陣所へ赴き、そこで家康の側室である阿茶局《あちゃのつぼね》と会い、両軍の講和について話し合った。会談は十二月十八日と十九日の二回行われ、「大坂城は本丸のみを残して二之丸・三之丸は破却する」「淀殿を人質として取るようなことはしない」「豊臣方の将大野治長と織田有楽《うらく》の二人から人質を差し出す」という三つの条件を互いに認め合い、講和が成立した。

常高院はそのまま大坂城中に留まったが、豊臣家と徳川幕府の間に平和が保たれたのは本当に束の間で、豊臣方に再軍備の噂がしきりに聞こえるとして、家康は秀頼に国替えなどを強硬に迫り、やがてまもなく大坂夏の陣が勃発する。この間も常高院は、豊臣方の使者として家康のもとへ出向くなど、姉淀殿と甥秀頼のために懸命に奔走したが、結局彼女の努力は実らず、大坂城は落城して、豊臣家は滅亡する。

常高院は、落城寸前に大坂城を出たが、その様子は、脱出の途中で出会い、行動をともにすることとなった淀殿付きの侍女お菊が語っている（『おきく物語』）。

それによると、常高院は武士に背負われ、足を別の人におさえてもらい、数人の侍女たちと一緒に守口（現・大阪府守口市）の民家に立ち退いた。そして薦筵《こもむしろ》を敷いた上に畳二枚を置き、その上に常高院を座らせた。そこへ京極忠高から強飯《こわめし》の入った行器《はかい》が届けられたので、一同はこれを食べたが、そうこうするうちに家康から迎えの使者と乗り物が到着した。常高院は、「たとえ女の身であっても、我々は大坂城中にいた者。どのような沙汰があるかもしれないので、覚悟するように」と侍女たちに伝えた。一同は歎き悲しんだが、まもなく常高院が戻って来て、「我々には一切お咎《とが》めはなく、どこへなりとも送ってつかわすというのが家康公の上意であった」と聞き、皆はたいそう喜び、お菊は松の丸殿のもとを訪ねることを希望し、送り届けてもらったという。

ところで、この大坂の陣に「浅井周防守政堅《まさかた》（政賢）」と名乗る武将が豊臣方として参戦していた。

彼はかつて、秀吉の養子となっていた織田信長の四男於次秀勝に仕え、秀勝の死後は秀吉の弟秀長に仕え、秀長死去ののちはさらに豊臣家五奉行の一人増田長盛《ましたながもり》に仕えたが、関ヶ原合戦ののち増田長盛が改易に処されたため、彼は浪人となり、その後は讃岐・丸亀城主生駒一正《かずまさ》のもとに身を寄せていた。

この浅井政堅こそ、浅井長政の子・喜八郎で、彼はまた「浅井喜八郎井頼《いより》」「浅井周防守井頼」とも名乗っていたことが、彼自身の発給した文書から知られている（直井武久「淀殿の弟――浅井作庵と京極家」）。彼が秀吉の養子於次秀勝や弟秀長の家臣として迎え入れられたのも、姉淀殿の斡旋があったからであろうと推測されているが、幸い大坂夏の陣でも彼は死を免れた。

大坂の陣で豊臣方として戦ったこの厄介者《やっかいもの》を引き受けたのは姉常高院で、政堅は出家して「作庵《さくあん》」を名乗ったものの、若狭・小浜藩主京極家から客分として迎えられ、五百石を与えられた。常高院は藩主忠高に宛てた遺言状「かきおきのこと」で、この弟作庵について、わざわざ一項を立て、「さくあん《作庵》事、なに《何》の御やう《用》にもたち候ハず候ニ、いまゝ《今迄》で御くなう《苦悩》になし、めいわく《迷惑》申候へども、いまさらすて《捨》られ候ハぬニより、くわぶん《過分》のちぎやう《知行》をも御やり候事、我身への御がうりよく《合力》とおもひ《思》申候間、いよ〳〵これさきへハ、御ふせう《不肖》なる事にて候へども、いまゝ《今迄》でのごとく御め《目》かけ候て給り候べく候。たのミ《頼》入申候」と述べている。弟作庵は、何の用にも立たず、迷惑この上ない存在ではあるが、常高院の死後も、常高院にくれてやっているのだと思って作庵に知行を与え、目をかけてやって欲しいと切々と頼んだのである。

京極家は江戸時代、出雲・松江、播磨・龍野を経て、讃岐・丸亀藩主となるが、作庵の子孫はこの丸亀藩士として存続する。浅井長政の血筋を引く浅井家が丸亀藩に残ったのである。

✣お市の方の供養と墓所

(1) 娘たちによる供養

茶々（淀殿）が秀吉の側室となって最初の男児鶴松を生んだのは天正十七年（一五八九）五月二十七日であるが、この年の十二月に淀殿は高野山の小坂坊（現・持明院《じみょういん》）で父浅井長政の十七回忌、母お市の方の七回忌法要を営み、二人の肖像画をつくらせて同坊に納めた。豊臣家の嫡子を生み、正室北政所お祢《ね》に次ぐ側室筆頭の立場に躍り出たことが、淀殿にそうした行為を可能にさせた。
また淀殿は、文禄二年（一五九三）八月三日に第二子秀頼を生んだが、その翌年は父長政の二十一回忌にあたり、京都に菩提寺として養源院を建立した。養源院は、長政の戒名「養源院殿天英宗清大居士」からとったもので、開基には一族の浅井親政の子成伯《じょうはく》法印を迎えている。

この養源院は、豊臣家滅亡ののち、火災に遭うなどして著しく衰微したが、将軍御台所の江がこれを再興した。江は父長政だけでなく、浅井家を背負って気丈に生きた姉淀殿の菩提をも併せて弔ったに違いない。

江は寛永三年（一六二六）九月十五日に亡くなり、その七回忌法要が同九年の九月十五日に江戸・増上寺で行われた。この法要にあわせて、江らの父浅井長政に、朝廷から正二位中納言が追贈された。両親を想う江の気持ちが息子である三代将軍家光に伝わっていて、そうすることが何よりの母への供養になると判断した家光が朝廷に働きかけたのであろう。そして、ときの明正天皇もまた江の孫娘であった。ちなみに、この江の七回忌法要には、江が小吉秀勝との間に生んだ完子の夫九条幸家とその子道房、また完子の娘の夫である東本願寺門主の宣如《せんにょ》も参列している。

京都市東山区の養源院。淀殿が父浅井長政の菩提寺として建立した

(2) お市の方の墓所

お市の方の戒名は「自性院微妙浄法大姉」といい、この戒名を寺の名にする自性院《じしょういん》が福井市西木田にある。
境内には、正面に「お市の方碑」、裏面に「自性院微妙浄法大姉位　天正十一癸未年四月二十四日寂」と刻ま

福井市左内町・西光寺境内の柴田勝家とお市の方の墓所

福井市西木田・自性院境内のお市の方の供養塔

れたお市の方の供養塔があるが、近代になって建てられた新しいものである。

この他、福井市左内町の西光寺《さいこうじ》境内にも柴田勝家の墓とともにお市の方の墓がある。ともに五輪塔で、一つの石祠《せきし》の中に祀られている。

ところで、江戸時代、大坂に柴田勝家の子孫と称する医者がいて、その存在は広く知られていた。

近年、福井市郷土歴史博物館の学芸員足立（現・角鹿）尚計氏によって新たな柴田勝家画像が紹介され、すっかり有名になった。この勝家画像が伝来した柴田家は江戸時代には筑後・柳川藩士であった柴田家で、勝家の遺児勝春《かつはる》を祖とする家系であるが（足立尚計「柴田勝家の肖像画をめぐって――付　翻刻・筑後柳川柴田家家譜『歴代表』」）、大坂の柴田家はこれとはまったく流れを異にする。

『浪華百事談』には、「柴田勝家の孫なりと云ふ家」という一項があり、そこには「白粉商高松長左衛門の宅に対《むか》ふ家は、竜眼肉円といへるねり薬を商ふ家にて、柴田徳翁と云《いう》旧家なり。是《これ》勝家が裔孫なりと世人いひ伝へり。尤も家の紋は雁がねにて勝家の紋とおなじ。されど虚実未だ余は聞とらず」と記されている。この柴田徳翁が調合する「和漢第一之腎薬　人参龍眼肉円」の引札（チラシ）が国際日本文化研究センターの「宗田文庫」中にあり、それによると柴田徳翁の住所は「大阪北久太良（郎）町壱丁目」となっている（『宗田文庫目録　図版篇』）。

そして実は、西光寺の柴田勝家・お市の方らの墓所には、正面に「柴田勝家公墳」、右に「奉献　瑞垣等大坂柴田徳翁」、左に「文政九丙戌年（一八二六）七月　当山廿六世真法上人代」と刻まれた碑が立ち、柴田勝家らの墓所を囲う現在の瑞垣《みずがき》などが、大坂の医師柴田徳翁によって建立されたものであることが知られるのである。

西光寺境内にはまた柴田勝家公資料館があり、柴田勝家とお市の方の木像二体が祀られている。現在の木像は、柴田勝家の四百回忌法要が行われた昭和五十六年（一九八一）四月二十四日に開眼《かいげん》され、前年秋に武生市の内藤雅雲氏が刻んだものであるが、勝家の木像自体は江戸時代からあり、昭和二十年（一九四五）七月十九日の福井空襲で焼失したため、新たにつくられた。

勝家木像が江戸時代からすでにあったことは西光寺本堂脇に、正面に「柴田勝家公御像堂」、右面に「維時嘉永六癸丑天（一八五三）　当山二十八世真融上人代」と刻まれた石碑が立つことからも知られる。そしてこの石碑の左側には、「奉新献　大坂柴田法眼徳翁」と刻まれるのである。

この柴田徳翁については、福井藩士佐々木安貞が嘉永七年（安政元年、一八五四）に補記編集した『柴田勝家公始末記』に、勝家の子として「某　母同（佐野ノ方）　作次郎」が挙げられ、そこに「四歳ノ時、勝家公就自害、乳母沢中間伝内ト云者ノ守護ニ預リ、越中城ヶ端ト云処へ退去シ、成長ノ上、故在テ摂州大阪へ引移リテ柴田作次郎ト号ス。其孫柴田法眼徳翁是也。慶長十九甲寅年正月五日不禄楽峯浄安居士ト法号ス。行年三十五」と記されるので、勝家の遺児作次郎の子孫を称していたことが知られる（足立尚計「〈史料紹介〉校訂『柴田勝家公始末記』」）。

またこの『柴田勝家公始末記』には「勝家公御肖像由緒」も載せられていて、西光寺に祀られていた勝家木像と、それを安置していた「柴田勝家公御像堂」の由緒を詳しく知ることができる。これによると、江戸時代西光寺にあった勝家木像は文禄年間（一五九二～九六）の初頭に大坂に移住した作次郎が慶長元年（一五九六）に父の木像をつくらせて安置したものであったといい、文政元年（一八一八）の火災で西光寺の惣門・鐘楼などが類焼したおり、本堂にも被害が及び、木像も傷んだため、弘化二年（一八四五）にときの住職真融上人が京都へ参内のついでに、この傷んだ木像を守護して大坂・久太郎町の柴田徳翁宅まで運び、旧例にしたがい修理を頼んで帰った。徳翁は嘉永四年（一八五一）三月に福井へ下向し、従来どおり堂内に安置しては再び被害に遭わぬとも限らぬ、ついては境内に勝家木像のみを安置する「御像堂」を新規に建立したいと願い出たのである。この願いは藩主松平慶永《よしなが》（春嶽《しゅんがく》）の耳にまで達し、慶永がこれを了承したため、「御像堂」が新たに建立され、嘉永六年（一八五三）春に完成した。三月に徳翁が修復なった木像を守護して福井に下って来、四月六日木像の開眼法要が執り行われ、十日まで遷座式・法要が行われたという。この法要には藩主の代参があって、香奠《こうでん》金二百匹が供えられ、徳翁は像前に垂らす御簾《みす》ならびに献香金《けんこうきん》千疋を供え、さらに祠《し》堂金《どうきん》として五両も寄付した。西光寺は、徳翁が寄付したこの祠堂金を運用して、その後「御像堂」の修復などを行うことになった。また法要には、親族である江戸の旗本・柴田能登守からも香奠金が届けられたという。この旗本柴田家は勝家の養子勝政の子勝重に始まる家系である（『寛政重修諸家譜』）。

またこの『柴田勝家公始末記』には、従来勝家廟所には囲いがなかったが、文政九年（一八二六）に徳翁が石瑞籬《いしみずがき》一式を寄進したこと、天保三年（一八三二）には勝家の「二百五十周御遠忌」の大法要が営まれ、その際も柴田徳翁らが寄進などを行ったことが記されている。

『柴田勝家公始末記』の記述は、柴田勝家の木像が早く文禄年間（一五九二〜九六）につくられたとする点など、史実として全面的に鵜呑みにすることはできないが、江戸時代後期に至って、大坂在住の医師柴田徳翁の尽力により、西光寺が柴田勝家の菩提所として、その体裁を整えていく過程は概ね認めてよいであろう。そして、その柴田徳翁家の墓所が大阪市天王寺区の天鷲寺《てんじゅうじ》にあり、そこには柴田勝家とお市の方の墓碑が立っているのである。

大阪市天王寺区・天鷲寺の柴田徳翁家の墓所。五輪塔の右に立つのが柴田勝家とお市の方の供養塔

墓碑正面には、上部左右に「天正十一癸未四月廿四日」とあって、中央に勝家の「摧鬼院殿前越州大守従五位下台岳還道大居士」、右にお市の方の「自性院殿微妙浄法大姉」、左に勝家父の「忠勇院殿積智善浄大居士」がそれぞれ刻まれる。そして、台座には、「柴田勝家公墓、初其遺子作次郎建越前国次郎丸村岡西光寺旧地、後其寺僧移今之福井之境内、初作次郎幼而遁越中国善徳寺、故帰依浄土真宗、八代孫徳翁文政八年建比碑云　徳翁謹誌」と、勝家墓所の由緒が刻まれている。

『柴田勝家公始末記』には、現在西光寺にある勝家の五輪塔は、秀吉の右筆《ゆうひつ》をつとめた山中長俊が勝家の旧恩に感謝して建立したものと記されているが、この銘文によると、勝家の墓はもともとその遺児である作次郎が越前国次郎丸村（現・福井市次郎丸町）の岡・西光寺の旧地に建立したとする。しかし、その西光寺の寺僧たちが福井城下に新たに建てられた西光寺の方に移り住み、墓塔は放置されることになってしまった。幼かった作次郎は、北ノ庄落城当初、越中の善徳寺（富山県南砺《なんと》市城端《じょうはな》にある真宗大谷派の寺院で、「城端別院」と通称される大寺）に逃れ、そこに住まわったので、浄土真宗に帰依《きえ》するところとなった。それで勝家八代の孫徳翁が文政八年（一八二五）にこの碑を建てた、というのである。

文政八年（一八二五）というと、徳翁が福井・西光寺の勝家墓所を整備する前年にあたる。この台座に記された文意からすると、文政八年（一八二五）の段階では、福井・西光寺境内に勝家の墓はなく、西光寺旧地で荒廃したまま放置されていた可能性がある。徳翁は、この時点で、その荒廃した墓所を再興することも可能だったわけであるが、西光寺は天台真盛宗の寺院で、徳翁家は作次郎以来浄土真宗の門徒だったので、別途勝家の墓を大坂に建立することになったのであろう。ただここで問題なのは天鷲寺も天台宗の寺院で、浄土真宗ではないことであるが、台座銘文の文意からして、当初この勝家・お市の方の墓碑は天鷲寺境内以外の場所に建てられ、のちに何らかの事情で現在地に移されたのではないかと思われる。並んで立つ徳翁家墓碑に刻まれた歴代の戒名が浄土真宗のそれであることからしても、その可能性は高い。

いずれにせよ、この墓碑は西光寺廟所の整備に先立って建立されている点が重要で、柴田徳翁家としては荒廃して誰のものともわからなくなっている西光寺旧地の墓に代わって、こちらを勝家とお市の方の正式な墓所として建立したのである。大阪にもまた一つお市の方の墓があったのである。

お市の方の墓塔（供養塔）は他に京都・養源院にもあり、そのことは先の『柴田勝家公始末記』にも記されているのであるが、同史料はまた、先に紹介した福井の自性院と西光寺の墓所の関係についても述べている。それによると、北ノ庄落城後、お市の方の遺骸は西光寺の末寺であった自性院（仏光寺から改称）に葬られ、同院境内に墓所が営まれていたのであるが、その後事情があって自性院は本寺西光寺から離脱し、江戸の東叡山寛永寺の直末となった。そののち自性院は火災で堂舎を焼き、その際数多くの位牌・過去帳が焼失し、墳墓まで灰燼《かいじん》に帰した。そのため、以後お市の方も西光寺で菩提を弔うようになったというのである。自性院の墓碑がきわめて新しいものである事情がこれで明らかになる。

最後に、三重県伊賀市下友田・浄光寺の累々と墓碑が立ち並ぶ稲増家の墓所に、真新しい浅井長政の墓碑があることを紹介して、本章を閉じることとしたい。

なぜこのような場所に浅井長政の墓が建立されたのかというと、稲増家の始祖治郎左衛門はもと浅井治郎左衛門といい、浅井長政の重臣であったが、浅井家滅亡ののち、「日比」、さらに「稲増」と苗字を改めて、享保年間（一七一六〜三六）に入って、伊勢・伊賀両国を支配する藤堂《とうどう》家に仕え、伊賀忍術の皆伝を受けたのだ

お市の方の「のど仏」が納められているという稲増家の屋敷

三重県伊賀市下友田・浄光寺の稲増家墓所に建てられた浅井長政（徳勝寺殿天英宗清大居士）の墓塔

という。現在地には、今も江戸時代以来の稲増屋敷が残されているが、同家の土蔵にお市の方の「のど仏」が納められていると伝えられている。なぜ、お市の方の「のど仏」が伊賀にあるのか。この伝承に興味を抱かれた方は、作家中島道子氏の著作『それからのお市の方――北ノ庄落城異聞』（新人物往来社）のご一読をお勧めしたい。

第6章　明智光秀の娘・ガラシャ

細川ガラシャ――一般にこの名前で知られる女性は俗名《ぞくみょう》を玉子《たまこ》といい、明智光秀の三女として、永禄六年（一五六三）この世に生を享《う》けた。母は美濃国の土豪妻木勘解由左衛門尉《つまきかげゆざえもんのじょう》範熙《のりひろ》の娘熙子《ひろこ》であったと伝えられる。

✣父は明智光秀

父光秀の明智氏は、代々美濃国の守護職を世襲した土岐《とき》氏の庶流で、明智城主の家柄であったというが、玉子が生まれた頃、光秀は美濃を去って京に上り、室町幕府の十三代将軍足利義輝に仕えていたと考えられる。ところがその義輝が、永禄八年（一五六五）五月十九日に松永久秀《ひさひで》らの急襲に遭い、自害し果てたため、京を離れた光秀は、今度は越前の戦国大名朝倉義景に仕えることとなった。

その朝倉義景のところへ、足利義輝の弟義秋を奉じて現れたのが細川藤孝《ふじたか》であった。藤孝の細川氏は、室町幕府の管領《かんれい》を世襲した細川氏に連なる名門で、十三代将軍義輝の御供衆として側近に仕えた藤孝は、義輝が非業の死を遂げた際、ただちに南都（奈良）に向かい、興福寺一乗院《こうふくじいちじょういん》で軟禁状態にあった義輝の弟覚慶《かっけい》を救出した。

覚慶は還俗《げんぞく》して足利義秋を名乗り、藤孝はこれを擁して幕府再興を図り、助力を得ようと、朝倉義景のもとを訪れたのである。明智光秀も、もとは十三代将軍足利義輝の「足軽衆」であったとされるから、御供衆の藤孝とは身分の差こそあれ、旧知の間柄であった可能性がある。

それはともかく、永禄十一年（一五六八）四月十五日、越前一乗谷で元服を遂げた義秋は、名を「義昭」と改めるが、肝心の朝倉義景がなかなか重い腰をあげようとしなかった。痺《しび》れを切らした義昭は、朝倉義景を見限り、当時斎藤龍興《たつおき》を滅ぼして美濃を手中にし、日の出の勢いであった織田信長を頼ることとする。義昭が、信長の居城である岐阜郊外の立政寺《りゅうしょうじ》に入ったのは、永禄十一年（一五六八）七月二十五日のことであった。

このとき藤孝とともに明智光秀も義昭に供奉《ぐぶ》して岐阜に入った。義昭を迎え入れた信長は永禄十一年（一五六八）九月二十六日、瞬く間に上洛し、義昭は同年十月十八日に征夷大将軍に任じられ、念願の室町幕府再興を果たした。

細川ガラシャ像
（大阪市中央区玉造・カトリック玉造教会）

ともに義昭を奉じた藤孝と光秀にとっても感激はひとしおであったに違いない。けれど、そうした日々も長くは続かず、やがて義昭は、自らを傀儡《かいらい》にして恣《ほしいまま》に権力を振るう信長と対立する。藤孝も光秀も、義昭と信長のどちらをとるのか、二者択一を迫られ、結局彼らは二人とも信長を選ぶのである。

元亀四年（天正元年、一五七三）七月三日、義昭は宇治の槇島城《まきのしま》に拠って、最後の抵抗を試みるが、あえなく敗れ、京都追放の憂き目を見る。

これにより、名実ともに信長の天下が確定し、同年七月十日付で信長から改めて山城国長岡西の岡の地を賜った藤孝は、勝龍寺《しょうりゅうじ》城に住まいし、苗字も「細川」から「長岡」に改めた（ただし、本文では、原史料に拠る部分を除いて、これ以降も「細川」で統一する）。

光秀の方はこれより先、元亀二年（一五七一）九月十二日の叡山《えいざん》焼き討ちのあとをうけて坂本城主となっており、信長から近江国志賀郡の支配を委ねられていた。

✣細川忠興と結婚、そして幽閉

そんな細川・明智両家の間で婚儀が行われたのは天正六年（一五七八）のことであった。細川家の嫡男与一《よいち》郎忠興《ろうただおき》のもとに、明智家の三女玉子が輿入れしたもので、信長からの主命による結婚であった。

細川三斎（忠興）画像（部分、大阪城天守閣蔵）

　忠興は天正五年（一五七七）十月の松永久秀との合戦で、信長から自筆の感状を賜るほどの著功を挙げ、織田軍団の武将として鮮烈なデビューを飾っており、将来を嘱望される存在であった。加えて、細川家と明智家とは、ともに義昭を推戴した昵懇《じっこん》の間柄で、長い付き合いでもあったから、玉子にとって忠興との結婚は、主命とはいうものの、当時としては、たいへん恵まれた、幸せなものであったといえよう。
　玉子と忠興とは永禄六年（一五六三）生まれの同い年で、結婚当時はともに十六歳であった。そして結婚の翌天正七年（一五七九）には長女長《ちょう》がうまれ、さらに天正八年（一五八〇）四月には嫡男熊千代《くまちよ》（のちの忠隆《ただたか》）が誕生している。

このころ光秀は、信長から丹波・丹後の平定を命じられ、藤孝・忠興父子も与力《よりき》としてこれに付属させられていた。そして両国の平定がなるや、天正八年（一五八〇）八月、光秀は丹波一国を与えられて亀山城主となり、藤孝は宮津城主として丹後一国を領することとなった。

順風満帆とも思えた両家の間に激震が走ったのは、天正十年（一五八二）六月二日のことであった。中国地方で毛利軍と対峙し、苦戦を強いられている羽柴秀吉の援軍を命ぜられた光秀が、あろうことか、京都・本能寺に宿泊していた主君織田信長を襲い、これを斃《たお》したのである。

光秀から、娘玉子の婚家で、長年の盟友でもある藤孝・忠興のもとに支援を頼む急使が到着したのは翌三日のことであったと伝えられる。光秀の期待に反して、藤孝・忠興父子はともに髻《もとどり》を切って主君信長に対する弔意を表し、藤孝は忠興に家督を譲って、自らは幽斎玄旨《ゆうさいげんじ》と号し、隠居の身となった。

こうした藤孝・忠興父子の対応に驚いた光秀は、六月九日付で次のような手紙を書き送った（「細川文書」）。

覚

一、御父子がともに髻を払われたことは、やむをえないことと存じます。いったんは私も腹を立てましたが、よくよく考えてみれば当然のことと思うようになりました。けれどもこうなった限りは、重臣を派遣していただき、我らにご協力くださることを願っております。

一、領地については、摂津国を差し上げようと思い、上洛をお待ちしておりました。ただし、若狭の方がよいとおっしゃるのならば、それでも構いません。お望みのとおり、必ず実行いたします。

一、このたび私が思いもかけない挙に出たのは、忠興などを取り立ててやりたいからで、それ以外に別の思惑《おもわく》があったわけではありません。五十日、百日の間にはしっかりと近国を固め、そののちはわが嫡子十五郎や忠興殿にお任せし、私自身は一切口出しをしないつもりです。詳しくは使者の両人が申し述べます。以上。

六月九日　　光秀（花押）

光秀の焦る気持ちが手にとるようにわかる文面であるが、それでも藤孝・忠興父子の態度は変わらなかった。才色兼備の嫁玉子を、夫忠興だけでなく、舅《しゅうと》の藤孝もこよなく愛したと伝えられるが、それでも家の存続をはかるため、忠興は、「御身の父光秀は主君の敵なれば同室叶ふべからず」と玉子に告げて離縁し、山深い味土野《みどの》（現・京都府京丹後市弥栄町）に幽閉した。玉子は、輿入れの際に明智家から付けられた「小侍従《こじじゅう》」や細川家の親戚筋にあたる公家の清原家の息女「いと」ら、わずかな女房衆・近臣たちと、丹後の山奥で不自由な生活を強いられることとなった。父光秀に宛てて「腹黒《はらぐろ》なる御心ゆえに自らも忠興に捨てられ、幽《かす》かなる有様なり」（『細川家記』）と恨み言を書き送ったともいうが、実際、当時の玉子の心境は、どのようなものであったろうか。

細川忠興夫人隠棲地碑（京都府京丹後市弥栄町味土野）

玉子の妹婿である織田信澄《のぶすみ》が殺され、細川家だけでなく、玉子の兄弟が養子に入っていた大和郡山城主の筒井順慶の味方も得られなかった光秀は、孤立無援の中、天正十年（一五八二）六月十三日の山崎合戦で羽柴秀吉軍と戦って散々に敗れ、坂本城目指して落ちる途中、山科《やましな》郊外の小栗栖《おぐるす》で落武者狩りに遭い、波乱万丈の生涯を終えた。

二日後には、坂本城も落ち、玉子の母や光秀の従兄弟《いとこ》で重臣の秀満《ひでみつ》、そしてその妻となっていた玉子の姉ら、明智家の一族・家臣らが悉《ことごと》く城と運命をともにした。

その後、信長の後継者レースは柴田勝家と羽柴秀吉の両雄に絞られ、幽斎・忠興父子は秀吉陣営に与《くみ》する立場を鮮明にした。

翌天正十一年(一五八三)四月二十一日、賤ヶ岳合戦で両者は雌雄を決し、敗れた勝家は、居城北ノ庄へと敗走して、二十四日、妻お市の方とともに自害し果てる。

信長後継者の座を不動のものとした秀吉は、大坂城を天下統一の拠点と定め、天正十一年(一五八三)九月一日から築城工事を開始した。

周囲には、秀吉に属する諸将の屋敷も建設されたが、天正十一年(一五八三)八月三十日に大坂を訪れた京都の公家吉田兼見《かねみ》は、細川邸の普請《ふしん》現場に忠興を訪ね、未だ建築中ではあったが、築地塀《ついじべい》をめぐらせた屋敷の豪華さに驚きの声を上げている(『兼見卿記』)。

信長後継者としての地位を不動のものにした秀吉とはいえ、未だ四方は敵に囲まれ、信長の次男信雄《のぶかつ》も、父の盟友であった徳川家康と結んで秀吉に対抗しようとしていた。

そんな初期秀吉政権において、弱冠二十一歳ではあるが、細川忠興は重き地位を占めた。そうした立場も考慮して、翌天正十二年(一五八四)、秀吉は忠興に玉子との再婚を認める。

✣大坂城下での生活

味土野に幽閉される際、懐妊していた玉子は、天正十一年(一五八三)四月に次男与五郎《よごろう》(のちの興秋《おきあき》)を生んでいた。その幼児《おさなご》を連れて大坂城下の屋敷に迎えられた玉子ではあったが、そこでの生活は味土野以上に厳しいものであった。ルイス・フロイスは、その様子を次のように伝えている(フロイス『日本史』)。

その後、関白殿（秀吉）が、諸国の君主や領主を人質のように手もとに留め置こうとして、彼らに妻子ら家族を伴って大坂の政庁に居住せよと命じたことが伝えられるに及び、彼女（玉子）の夫越中殿（忠興）も、身分相応の立派な邸宅を大坂に構え、諸室の設備を整えた後、その地に妻を伴った。当初彼らは似合いの夫婦であり、すでに両人には二、三人の子供がいたが、この若い越中殿の妻に対する過度の嫉妬と、ふつう一般日本人のそのことにおける習慣とは大いに異なっていて、越中殿が彼女に対して行なった極端な幽閉と監禁は信じられぬほど厳しいものであった。彼はその厳しさをいっそう強化しようとして、身分の高い二人の家臣にそれぞれ一千クルザード近い収入を与え、昼夜不断に自邸で妻の監視を義務づけた。この両人は既婚者で、そこには妻や家族がいっしょにいたのであるが、越中殿は彼らに対して、自分が外出する時には、いかなる使者が家に入り、またはいかなる女たちが家から外出したか、そして誰が彼女らを出させたか、また彼女らはどこへ行ったかを観察し、その月日を記録して、書面によって自分に報告するように命じた。また、ごく親しい親戚か身内の者でない限り、彼女に対してはいかなる伝言をも許さぬように、そして彼女に伝えられることはまず彼ら両人の検閲と調査を受けるようにと命ぜられた。

人里離れた味土野での幽閉生活からようやく解放されて大坂にやってきたら、待っていたのは厳しい監禁生活。加えて、玉子が味土野にいる間に忠興は側室を迎えて子供も生まれ、常時「五人の側室を侍らせたい」とも公言していたので、玉子は「たびたび鬱病に悩まされ、時には一日中室内に閉じ籠って外出せず、自分の子供の顔さえ見ようとせぬことさえあった」といい、忠興との離婚を真剣に考えていたと伝えられる（フロイス『日本史』）。

その頃のことであろうか、忠興と玉子の間にいくつかの逸話が伝えられている。ある時新参の小者が男子禁制の奥にのこのこ入ってきた。それをみつけた忠興は激怒して、一刀両断に切り捨てた。そして刀にこびりついた血を玉子の着ている小袖で拭ったのであるが、玉子は少しも驚かないばかりか、血のついた小袖を三日、四日と着続けた。さしもの忠興もたまりかねて、「お前は蛇《じゃ》か」と言うと、玉子は顔色も変えず、「鬼の女房には蛇がお似合いでございましょう」と返したという。

また、ある時、忠興と玉子が夫婦で食事をしていたところ、御飯の中に髪の毛が入っているのを玉子が見つけ、そっと取り除いて自分の椀の中に隠した。ところが、その様子を忠興がしっかりと見ており、「さては不始末をかばう気か」と、わめきたてて激昂《げっこう》し、ただちに台所人を斬り捨て、その首を玉子の膝の上に置いたが、玉子はいっこうに動ぜず、そのまま膝を崩さずに座り続けたという。

嫉妬深く短気きわまりない忠興の行動が玉子をいっそう頑《かたく》なにさせ、その玉子の態度が忠興をさらに苛立《いらだ》たせたことを物語るエピソードで、忠興と玉子の荒《すさ》んだ夫婦関係をよく伝えている。

✣キリシタンへの関心

忠興との関係はこのように冷えきっていたが、夫忠興を通じて伝え聞く、忠興の友人高山右近の話には、玉子はたいへん興味を覚えた。右近が語るキリシタンの教えに深い関心を抱き、そこに一筋の光明を見出そうとしたのである。

厳しい監視下にあった玉子ではあったが、夫忠興が秀吉の全国平定戦に従って出陣し、大坂を留守にした際、ちょうど彼岸の日に、女房たち六、七人が寺院に参詣するふりをして、玉子を取り囲んで屋敷を出、大坂城下に建てられていた教会へと急いだ。

当時、大名たちの多くは禅宗（臨済宗）に帰依《きえ》していて、細川家とて例外ではなかったが、とりわけ玉子は

「繊細な才能と天稟《てんぴん》の才による知識において超人的であったので、他の誰よりも一段と秀でており、すでに彼女は師匠のそのまた師匠でありうるほどであった」という（フロイス『日本史』）。

その「実に鋭敏で繊細な頭脳の持主であった」玉子が、夫忠興を通じて伝え聞いたキリシタンの教えに対する疑問を、わずかな時間の中で次々と浴びせかけた。日本人の高井コスメ修道士が誠心誠意これに応えたが、玉子は「霊魂の不滅性、その他の問題について禅宗の幾多の権威をふりかざして反論を試みた」といい、高井コスメ修道士が「彼女の頭脳の敏活さに驚いて、後ほど、自分は過去十八年の間、これほど明晰かつ果敢な判断ができる日本の女性と話したことはなかった、と漏らしたくらいであった」と伝えられる（フロイス『日本史』）。

高井コスメ修道士との問答に納得した玉子は、再び教会を訪れることは困難をきわめるので、いまこの場で洗礼を授けて欲しいと願ったが、玉子の素性を知らず、秀吉の側室ではないかと疑った教会側は、「もっとゆっくりと説教を聞かれ、ゆとりをもって受洗される方がよろしかろう、と希望をもたせ、鄭重に彼女を送り帰し」、一行が細川屋敷に入って行くのを見届けて、彼女が当主忠興夫人の玉子であることを知ったのである（フロイス『日本史』）。

その後玉子は、侍女頭である清原いとに、信仰上の疑問をしたためて教会へ持たせ、その返答を彼女に持ち帰らせた。そしてそのいとが洗礼を受けて、「マリア」と名付けられた。

玉子はまた、侍女たちだけでなく、その夫である細川家の家臣たちも改宗させようと試み、次々と成果を挙げ、彼女の監視役をつとめた家臣さえもキリシタンにしてしまったという（アントニオ・プレネスティノ書簡）。

そこにはかって鬱病に悩まされた姿はどこにもなく、見違えるように元気でたくましい玉子がいた。フロイスも、「今では顔に喜びを湛え、家人に対しても快活さを示した。怒りやすかったのが忍耐強く、かつ人格者となり、気位が高かったのが謙遜で温順となって、彼女の側近者たちも、そのような異常な変貌に接して驚くほどであった」と、彼女の激変ぶりを書き留めている（フロイス『日本史』）。

玉子の次男興秋は生まれつき病弱で、瀕死の状態に陥ったことがあったが、洗礼を受けさせ、ジョアンという名を授かった途端、みるみるうちに快復を遂げ、すっかり元気になった（ルイス・フロイス書簡）。こうした奇跡を体験したことも、よりいっそう玉子をキリシタンに傾倒させた。キリシタンとして生き、一人でも多くの人々をキリシタンに改宗させることに、玉子は大きな生きがいを見出したのである。

ところが、そうした彼女を取り巻く情勢は一変する。

島津氏を降伏させ、九州を平定した関白豊臣秀吉が、天正十五年（一五八七）六月十九日、博多でキリシタン禁教令を発布し、宣教師たちの国外追放を命じたのである。その理由についてはさまざまにいわれるが、いずれにせよ、キリシタンとして生き抜くことを決意した玉子は過酷な現実と対峙せざるを得なくなった。

九州平定戦から大坂に戻ってきた忠興は、家臣といい、侍女といい、屋敷内がキリシタンに満ち溢れているのを知って愕然《がくぜん》とし、激しく怒り狂う。フロイス『日本史』には、「彼女（玉子）の夫細川越中殿（忠興）は、大坂に到着した時には、暴君（関白）の悪意に影響されて、まるで打って変わった人のようでありました。すなわち関白を範として、従前よりもいっそう残酷で悪辣《あくらつ》な異教徒になっていました。彼の息子の一人を育てていました乳母はキリシタンでしたが、彼は同女のごく些細な過ちに対して、その鼻と耳を殺《そ》いだ上に追い出すように命じました」と、恐るべき虐待ぶりが具体的に記されているが、玉子は「この上もなくそのことを悲しみ、その侍女はキリシタンでしたから、夫に判らぬよう密かに彼女がその追放先で扶養されるように手配を命じました。彼女（玉子）とその侍女たちは立派に信仰に留まっ」た、とも述べられている。もし、秀吉や忠興が玉子たちに棄教を迫った際には「死ぬ誓いを立て」（ルイス・フロイス書簡）、殉教をも辞さない強い覚悟で、玉子は過酷な弾圧にも屈することなく、キリシタンとして生き抜く決意を新たにしたのである。そして、玉子は洗礼を受けることを決心する。

すでに玉子の側近くに仕える侍女たち十七人は全員洗礼を受け、玉子一人が取り残された状態になっていた。玉子は、宣教師たちが大坂を離れる以前に受洗したいと強く願ったが、なにぶんにも厳しい禁教令下のことであり、玉子が教会に赴くことは容易ではなく、結局、玉子側近の侍女頭である清原マリアが洗礼の方法についてこと細かに教えを受け、玉子はマリアによって受洗し、「ガラシャ」（恵み、恩恵、恩寵といった意味）という洗礼名を授かった。もちろん夫忠興には内緒であった。

さて、九州平定戦を終えて大坂城に帰陣した秀吉は、それからまもなく新たに完成なった京都・聚楽第《じゅらくてい》に母大政所《おおまんどころ》、正室北政所をともなって移り、諸大名にもその周囲に屋敷を設けるように命じた。さらに関白を辞して太閤となった秀吉は、京都郊外の伏見に隠居城を築かせ、今度はその城下に諸大名の屋敷を構えさせ、妻子を置かせた。

ところが最晩年の慶長三年（一五九八）になって、秀吉は、自らの死後、愛児秀頼の居城を大坂城と定めて前田利家にその後見役を命じ、徳川家康には伏見城にあって天下の政務を沙汰するよう遺言した（「豊臣秀吉遺言覚書」）。

そして同年八月十八日、秀吉は伏見城で六十二年の生涯を終え、その遺言の旨に従い、翌慶長四年（一五九九）正月十日、伏見城から秀頼とその母淀殿が大坂城に移った。大坂城には、新たに三之丸が築かれ、これにより大坂城は本丸・二之丸・三之丸・惣構《そうがまえ》という四重構造の巨大城郭となった。

一五九八年十月三日（慶長三年九月三日）付でフランシスコ・パシオは、「それから国の統治者が亡くなると戦乱が勃発するのが常であったから、これを未然に防止しようとして、太閤様は日本中でもっとも堅固な大坂城に新たに城壁をめぐらして難攻不落のものとし、城内には主要な大名たちが妻子とともに住めるように屋敷を造営させた。太閤様は、諸大名をこうしてまるで檻《おり》にとじこめたように自領の外に置いておくならば、彼らは容易に謀叛《むほん》を起こし得まいと考えたのであった」と記しており（一五九八年度「日本年報」）、秀吉没後、秀頼の居城として大坂城に白羽の矢が立てられた理由と、新たに三之丸を建設し、そこに大名屋敷を置かせた意図が的確に述べられている。

こうしてガラシャとなった玉子は再び大坂城下で暮らすこととなったのであるが、細川屋敷はこのとき三之丸の玉造《たまつくり》地区に建てられ、隣には宇喜多秀家邸、その隣には前田利家・利長邸、さらには鍋島邸・島津邸・小出邸といった豊臣政権下の大々名・有力大名の屋敷がずらりと立ち並んだ。

この頃には、キリシタン禁教令もずいぶん緩やかになり、忠興もガラシャの信仰を容認するようになったようで、イエズス会の「日本年報」には「伏見から大坂に移った時のごとき、殿（忠興）自らいつまでも彼女（ガラシャ）の思いのままに祈りができるように、礼拝所や祭壇の建築に指図をしたほどであった」と報告されている。けれど、そうしたガラシャの幸せはまたしても長続きはしなかった。

✣死をもって抵抗

秀吉没後一年も経たない慶長四年（一五九九）閏《うるう》三月三日に前田利家が病没し、豊臣政権はバランスを失い、事態は一気に関ヶ原合戦へと向かう。翌慶長五年（一六〇〇）六月、徳川家康が上杉景勝征討のため、軍勢を率いて大坂を発ち、会津に向かうと、その隙《すき》を狙って石田三成らが打倒家康の兵を挙げた。三成らはさっそく大坂城三之丸にあった諸大名の屋敷に使者を遣わし、妻子を人質に差し出すよう要求した。

忠興が家康に従軍して留守であった細川邸にも使者がやってきたが、ガラシャはこれを敢然とはねつけ、武力に物を言わせてでも押し取るという脅しにも、まったく動じる気配を見せなかった。

ガラシャは興秋のあとにも、天正十四年（一五八六）に三男忠利《ただとし》、天正十六年（一五八八）に次女多羅《たら》、慶長三年（一五九八）には三女万《まん》を生んでおり、このとき屋敷には多羅と万、さらに長男忠隆の妻千世《ちよ》（前田利家の娘）、忠興の伯母宮川殿《みやがわどの》らが一緒にいたが、ガラシャはこれらの人々を屋敷の外に脱出させた上で、キリシタンの身ゆえ自害はならぬと、家老小笠原少斎に命じてその手にかかり最期を遂げる。
イエズス会の「日本年報」はその様子を以下のように記している。

奥方（ガラシャ）はさっそく、何時もきちんときれいに飾られている礼拝所に行き蠟燭《ろうそく》を点《とも》させ、跪《ひざまず》いて死の準備の祈りを捧げた。ようやく奥方は礼拝所からたいそう元気に出てきて、腰元どもを全部呼び集め、自分は殿の命令であるからここで死ぬが、皆の者はここを退去するようにと言いわたした。一同そこを去るにしのびず、むしろ奥方と共に死出のお供をしたい希望を述べた。日本ではこういう場合、主人と死を共にするのが臣下の名誉であり、また習慣でもあったからである。ガラシャ夫人は真に召使いたちから慕われていたので、召使たちが死の供をしたいと望んだのであったが、奥方は無理に命じて邸の外に逃げさせた。その間に家老小笠原殿は家来共といっしょに全部の室に火薬をまき散らした。侍女たちが邸を出てから、ガラシャ夫人は跪いて幾度もイエズスとマリアの御名を繰返してとなえながら、手づから髪をかき上げ頸《くび》をあらわにした。その時、一刀のもとに首《こうべ》は切り落とされた。家来たちは遺骸に絹の着物をかけ、その上にさらに多くの火薬をまき散らし、奥方と同じ室で死んだと思われる無礼のないように、本館の方に去った。そこで全部切腹したが、それと時を同じくして火薬には火がつけられ、大爆音と共にこれらの人々と共にさしもの豪華な邸も灰燼に帰したのである。

ガラシャの死をもっての抵抗に驚いた三成は、もし同様のことが続けば、かえって諸大名の反発を招き、自軍にとって不利になるだけと悟り、人質を取ることをあきらめた。その結果、家康に従っていた諸将は、関ヶ原合戦で三成方西軍相手に心置きなく戦うことができ、家康率いる東軍を勝利に導いた。

戦後忠興は、ガラシャの死をたいそう悲しみ、ガラシャを残して生き延びた嫡男忠隆の正室千世にやり場のない怒りを向け、忠隆に殺害を命じたが、忠隆がこれを拒むと、千世と離縁させて廃嫡した。翌年、忠興は京都の教会でガラシャ一周忌のミサを盛大に営み、忠興以下ほとんどの家臣が出席し、教会周辺は押し寄せる群集で大騒ぎとなった。日本人のイエズス会士のイルマン・ビセンテが説教を行い、その最後を「(細川)ドナ・ガラシアは存命中には徳に励み、そして死に臨んでは、皆に彼女への大きな熱望を残した」と締めくくると、これを聞いた「長岡越中殿とその側近者たちは涙を抑えることができぬほどであった」という(一六〇一年度「日本年報」)。

細川の家を守るため、謀叛人《むほんにん》明智光秀の娘である玉子を離縁・幽閉し、キリシタンを迫害・弾圧しなければならなかった忠興。そのため玉子との間には深刻な対立も生じたが、それでも忠興は彼女を深く愛した。

ガラシャの辞世が刻まれた石碑と越中井
(大阪市中央区森ノ宮中央)

一方の玉子は、予想だにしなかった父の謀叛によって大きく運命を狂わされ、長期間の幽閉・監禁生活が彼女の心を蝕んだが、キリシタンの教えに出会うことで救われ、生きる道を見出した。そのことが豊臣政権下の有力大名であった忠興を苦しめ、大いに悩ませることになったが、最後には、自らの命を投げ出して、玉子は夫忠興と細川の家を守ったのである。

ガラシャの墓は大阪市東淀川区の崇禅寺《そうぜんじ》境内にあり、周囲には彼女とともに亡くなった小笠原少斎らの墓も立つ。

また、彼女が最期を遂げた細川屋敷は、現在の大阪市中央区森ノ宮中央二丁目付近にあったと伝えられ、台所の井戸であったとされる井戸が、忠興の「越中守」に因んで「越中井《えっちゅうい》」と呼ばれて今も遺る。その傍らには徳富蘇峰《とくとみそほう》の筆になる「越中井　細川忠興夫人秀林院殉節之遺址」の石碑が立ち、右側面には「散りぬべき　時知りてこそ　世の中の　花も花なれ　人も人なれ」というガラシャの辞世が刻まれている。

〈参考文献〉

奥野高広『足利義昭』吉川弘文館、一九九〇年
小和田哲男『明智光秀――つくられた「謀反人」』ＰＨＰ新書、一九九八年
上総英郎編『細川ガラシャのすべて』新人物往来社、一九九四年
櫻井成廣『豊臣秀吉の居城　大阪城編』日本城郭資料館出版会、一九七〇年
田端泰子「戦国期の『家』と女性――細川ガラシャの役割」（京都橘女子大学女性歴史文化研究所編『京都の女性史』思文閣出版、二〇〇二年）
田端泰子『戦国の女たちを歩く――乱世を生き抜いた13人の足跡』山と溪谷社、二〇〇四年
ヘルマン・ホイヴェルス『細川ガラシア夫人』春秋社、一九六六年
米原正義編『細川幽斎・忠興のすべて』新人物往来社、二〇〇〇年

第7章　上杉景勝・直江兼続の生涯と豊臣政権

1

上杉謙信は、武田信玄と〝戦国の竜虎〟と並び称され、戦国時代を代表する名将である。謙信と信玄は、信州・川中島で五度にわたって雌雄を決したが、いずれも決着はつかなかった。これが決して地方大名同士《ローカルスター》の〝どんぐりの背比べ〟でなかったことは、信玄が元亀三年（一五七二）の三方ヶ原の合戦で徳川家康の軍勢を一蹴し、謙信が天正五年（一五七七）の手取川の合戦で柴田勝家・佐々《さっさ》成政《なりまさ》・前田利家・滝川一益《かずます》・丹羽長秀らで構成される織田家主力軍を散々に打ち砕いたという事実が証明している。信長軍に大勝した謙信は、天正五年（一五七七）九月十九日付の書状に「重ねて信長打ち出で候間、一際《ひときわ》これあるべくと校量《きょうりょう》せしめ候処に、案外に手弱《てよわ》の様体、此分に候はば、向後天下までの仕合《しあわせ》心安く候」と感想を述べ、信長軍が思いのほか弱く、この調子だと上洛して天下をとることも案外簡単かもしれないと記している（『歴代古案』）。

かの織田信長を相手にこれほどのことを言ってのけるところに、〝戦国最強の武将〟上杉謙信の面目躍如たるものがある。その謙信のもとで、大河ドラマ『天地人』の主人公直江兼続は、武将として、政治家として成長を遂げるのである。

直江兼続は、永禄三年（一五六〇）、樋口惣右衛門兼豊の長男として、越後の坂戸城下（新潟県南魚沼市坂戸）で生まれた。父兼豊は、上杉謙信の一族で坂戸城主であった長尾政景の家臣で、新井白石の『藩翰譜』に「柴薪をつかさど」ったと記されるので、「薪炭《しんたん》奉行」の地位にあったと考えられている（小和田哲男『名参謀・直江兼続』)。母については、信濃・飯山城主（長野県飯山市飯山）の泉重蔵の娘とする説（『文禄三年定納員数目録』『上田史籍』）と、上杉謙信第一の重臣で越後・与板城主（新潟県長岡市与板町）の直江大和守景綱の妹とする説（『大国家系譜』）の二つがあるが、いずれにせよ城主クラスの娘であったことは間違いない。

兼続は幼い頃から聡明で利発な子として知られたそうで、その評判を聞いた仙桃院《せんとういん》（仙洞院）が兼続に白羽の矢を立て、兼続はわずか五歳で仙桃院の子景勝の近習に加えられることになった。弘治元年（一五五五）生まれの景勝はこのとき十歳で、景勝・兼続主従はともに坂戸城下の曹洞宗寺院・雲洞庵に入り、ここで住職の北高全祝《ほっこうぜんしゅく》から学問を学んだと伝えられる。

仙桃院は謙信の姉で、一族の坂戸城主長尾政景に嫁ぎ、嫡子景勝を儲《もう》けた。夫政景は、天文十九年（一五五〇）謙信に背き、一族間に対立が生じたのであるが、翌年謙信に誓詞を提出し、以後は謙信のもとで政権の中枢を担っていた。ところが、永禄七年（一五六四）七月五日に、坂戸城下の野尻池（銭淵《ぜにぶち》）で舟遊びをしていた政景が溺死するという事件が勃発した。

背後に、未だ心服しない政景に対する謙信の画策があったのではないかとも考えられているが、それはともかく、父を失った景勝は、母仙桃院とともに謙信の招きで春日山城に入り、妻を娶《めと》らず子がなかった謙信の養子となったのである。このとき、兼続も主景勝に従い、春日山城に入った。

謙信には、景勝の他にも養子があった。

一人は、能登守護（七尾城主）畠山義綱の弟義春で、温井《ぬくい》氏や長《ちょう》氏、遊佐《ゆさ》氏らに実権を奪われて追放された義綱が謙信に窮状を訴え、助けを乞うた際に人質に出され、やがて謙信の養子となり、「政繁」と改名した。景勝の妹を妻とし、元亀二年（一五七一）に十九歳で上条《じょうじょう》上杉氏を相続、上条城主（新潟県柏崎市）となった。

いま一人は、関東に覇を唱えた小田原城主・北条氏康の七男三郎で、天文二十三年（一五五四）に生まれ、元亀元年（一五七〇）謙信と氏康が和睦した際、人質として差し出され、春日山城にやって来たが、謙信はこれを養子として迎え、かつて自らが称した「景虎」の名を与えた。景虎の妻もまた景勝の姉妹である。

景勝は、天正三年（一五七五）正月十一日、二十一歳の時に謙信から「弾正少弼」の官途を与えられるが、これは謙信が越後国主の座について四年目の天文二十一年（一五五二）四月二十三日に後奈良天皇から賜ったもので、謙信はその官途を与えた景勝に越後国主の座を、また「景虎」の諱《いみな》を与えた景虎には、関東出身ということでもあり、謙信が上杉憲政から受け継いだ関東管領職を譲るつもりではなかったか、とも推測されている（花ヶ前盛明「上杉景勝の出自と越後時代」）。いずれにせよ、上条氏を継いだ政繁以外の二人の養子をどうするつもりであったのか、何ら後継プランを明らかにせぬまま、稀代の名将上杉謙信は天正六年（一五七八）三月十三日に四十九歳で急死した。

春日山城本丸跡（新潟県上越市）

二日後の三月十五日、景勝・兼続主従はいち早く春日山城の実城《みじょう》（本丸）を占拠し、三万両にも及ぶ謙信の遺産を手中に収めた。三月二十四日付で景勝は越後内外の諸将に手紙を送り、「去る十三、謙信不慮の虫気とりもなおされず遠行、力落し察せしめ候。これにより、遺言の由候て、実城へ移るべきの由、各強いて理《ことわり》候条、其意《そのい》に任せ候」「扨亦《さてまた》、吾《わが》分事、謙信在世中別して懇意、忘失あるべからざる儀、肝要に候」としたため、景勝のとった行動は謙信の遺言にしたがったものであると述べて、その正当性を示した（『上杉家文書』『歴代古案』『覚上公御書集』他）。

一方の景虎は、春日山城を脱出して、越後守護代にすぎなかった謙信（長尾景虎）のもとに、「上杉」の家系と「関東管領職」をもたらした前《さきの》関東管領上杉憲政の居住する御館《おたて》（新潟県上越市五智）に入り、ここに立てこもって景勝方に対抗した。

こうして景勝と景虎という二人の養子による謙信の跡目争いが生じ、それは越後を二分する戦いとなった。これを「御館の乱」と呼ぶが、景虎は実家の兄北条氏政に救援を乞い、氏政は同盟関係にあった甲斐の武田勝頼に援軍を要請した。

勝頼は二万の大軍を率いて信越国境に兵を進めたが、景勝は勝頼のもとへ使者を派遣して黄金一万両を贈り、東上野《ひがしこうずけ》の地の武田への割譲を約束して、両者に和睦が成立した。

北条軍は、景虎の兄氏照《うじてる》と氏邦《うじくに》が出陣し、越後に侵入して坂戸城をはじめとする景勝方諸城を攻撃したが、主将氏照は九月末に帰国し、残された軍勢は、越後の深い雪の中で年を越すこととなった。

翌天正七年（一五七九）三月十七日、景勝軍の猛攻を受けた御館はついに落城し、両者の和議仲裁のため、景虎の嫡男道満丸をともない春日山城へと向かっていた上杉憲政は、途中の四ツ屋砦で道満丸もろともに斬殺された。

景虎自身は、兄氏政を頼って小田原城への逃亡を図り、途中鮫ヶ尾《さめがお》城（新潟県妙高市宮内）に立ち寄ったところ、城主堀江宗親の謀叛《むほん》に遭い、同年三月二十四日自刃し果てた。享年二十六であった。

こうして「御館の乱」に終止符が打たれ、景勝が越後国主の座につくことになったわけであるが、一年余りにわたる内乱で、「戦国最強」を誇ったさしもの上杉家もひどく体力を消耗し、疲弊した。そのようなタイミングで景勝・兼続主従は強大化した織田信長と向き合わなければならなくなるのである。

2

景勝は、「御館の乱」のさなか、天正六年（一五七八）十二月二十三日に、和睦し同盟を結んだ武田勝頼の妹菊姫と婚約し、翌年十月二十日に菊姫は春日山城に輿入れした。

一方、兼続は、天正九年（一五八一）十月頃に、与板城主直江景綱の娘おせん（お船）と結婚した。景綱に男子がなかったため、おせんは最初上野国総社（群馬県前橋市）の長尾顕景の子景孝と結婚し、直江信綱として直江家の養子に迎えていたが、天正九年（一五八一）九月一日、信綱が春日山城中での毛利秀広と山崎秀仙とのいざこざに巻き込まれ、落命したため、名家の断絶を惜しんだ景勝が、おせんを兼続と再婚させ、直江家当主としたのである。兼続の母が景綱の妹だったとすると、兼続とおせんとは従兄弟夫婦《いとこみょうと》だったことになる。

兼続が「樋口兼続」から「直江兼続」になったこの年、新発田《しばた》城主（新潟県新発田市大手町）の新発田重家が織田信長と通じ、景勝に反旗を翻した。

翌天正十年（一五八二）、景勝と新発田重家との戦いが続く中で、三月十一日、織田信長は甲斐・天目山で武田勝頼を滅ぼし、その勢いをかって、柴田勝家・前田利家・佐々成政ら織田家の北陸方面軍が富山城を奪還して、魚津城（富山県魚津市本町）を包囲した。加えて森長可が海津城（長野市松代町松代）を拠点に、信濃から越後に侵入し、さらに滝川一益は上野《こうずけ》・厩橋《うまやばし》城（群馬県前橋市大手町）を拠点に、三国峠を越えて越後に侵攻し、春日山城に迫ったのである。

織田軍に完全に包囲される格好となった景勝は絶体絶命の危機《ピンチ》に陥り、自ら同年五月朔日付で常陸・太田城主（茨城県常陸太田市中城町）の佐竹義重に送った手紙の中で、「景勝好《よ》き時代に出生し、弓箭を携え、六拾余州を越後一国を以て相支え、一戦を遂げ、滅亡せしむべき事、死後の思い出、景勝幅には甚だ不相応に候か、もしまた万死を出で、一生せしむるにおいては、日域無双の英雄たるべきか、死生の面目歓悦、天下の誉《ほまれ》、人々その羨《うらや》み巨多《きょた》たるべきか」と述べ、滅亡の覚悟を披露している（「佐竹文書」）。

そして六月三日、城将が悉く玉砕し、魚津城が落城する。

ところがその前日に本能寺の変が起こり、織田信長は逆臣明智光秀の前に非業の死を遂げていたのである。

急報を受けた織田軍は全軍撤退し、景勝は奇跡的に窮地を脱した。

ところで近年、本能寺の変に関する研究が急速に進み、これが決して明智光秀の個人的な遺恨による突発的な事件ではなく、急進的すぎる信長に危険を感じた朝廷や、毛利輝元のもと、備後・鞆に身を寄せていた室町幕府の十五代将軍足利義昭などが、保守勢力を糾合して引き起こしたきわめて政治的な出来事であったことが明らかになってきた。

義昭首謀説を唱える藤田達生氏は、天正十年（一五八二）六月三日付で直江兼続に宛てられた上杉家の奉行人河隅忠清《かわずみただきよ》の書状に、「一昨日、須田相模守方より召仕の者罷《まか》り越し、才覚申す分は、明智の所より魚津迄使者指し越し、御当方無二の御馳走申し上ぐべき由申し来り候と承り候。実儀候はば、定めて須田方より直に使を上げ申さるべく候。将又《はたまた》推参し至極申す事御座候へども、そこ元の儀大方御仕置仰せ付けられ候はば、早速御馬を納められ、能・越両州御仕置これを成され御尤《もっと》もの由存じ奉り候」（『覚上公御書集』）とあるのを、その証拠に掲げる（藤田達生『本能寺の変の群像』、同『謎とき本能寺の変』）。藤田氏の解釈にしたがうと、明智光秀の密使が魚津に入り、打倒信長のクーデター計画を告げ、上杉家に対しても将軍義昭へ最大限の協力を求めてきたので、松倉城主（富山県魚津市鹿熊）の須田満親が使者を春日山城の河隅忠清のもとへ送り、忠清がその旨をしたためて兼続に伝えたのだという。この藤田氏の考えに間違いがないとすれば、上杉方では本能寺の変勃発と相前後してこの計画を知り、上杉家もまた義昭・光秀から与同勢力として期待されたことになる。

それはともかくとして、光秀は、備中高松城攻めを早々に切り上げ毛利氏と和睦を結んで上方へ急行した羽柴秀吉との山崎合戦に敗れ、その生涯を終える。そして秀吉は、信長後継者の座をめぐって、柴田勝家との戦いに挑むことになるのであるが、このとき秀吉は景勝に共闘を申し入れ、景勝はこれに同意し、天正十一年（一五八三）二月四日に景勝の誓詞が秀吉のもとに届くと、秀吉は二月七日付で返事をしたため、自分も誓詞を入れると述べている（『歴代古案』）。同日付で、秀吉側近の増田長盛・木村清久・石田三成の三人が連署して、景勝の使僧西雲寺に七ヶ条からなる「覚」を託したが、その六条目には、「先ず越中へ御人数出され、急ぎ御手遣《てづか》いあるべき事」とあり、秀吉が景勝に越中への出陣を要請し、背後から勝家を衝き、牽制を依頼していたことが知られるのである（「須田文書」）。

賤ヶ岳合戦に勝利し、信長後継者の座を不動のものにした秀吉は、備中高松城での講和以来休戦状態にあった毛利輝元の叔父小早川隆景に宛てて、天正十一年（一五八三）五月十五日付で長文の手紙を送ったが、その中で賤ヶ岳合戦や北ノ庄落城の経過を詳しく報じるとともに、「一、東国は氏政、北国は景勝まで、筑前覚悟にまかせ候。毛利右馬頭殿、秀吉存分次第に御覚悟なされ候へば、日本の治め、頼朝以来、これには争《いか》でかまさるべく候や。よく〳〵御意見専要に候」と述べている（『毛利家文書』）。北条氏政も上杉景勝もすでに自分に属しているのだからと、毛利輝元についても配下となるよう要求したのである。

この時点で秀吉と景勝とは互いに誓詞を交わし合う対等の立場での提携関係にあり、景勝は秀吉に服属したわけではなかったから、この手紙は秀吉一流のハッタリにすぎなかった。ところが、翌天正十二年（一五八四）六月、秀吉は景勝に服属を強く求め、未だ子供のなかった景勝は上条政繁の三男弥五郎義真を養子とし、同年六月二十日人質として秀吉に差し出した。〝北国の雄〟上杉氏が、豊臣大名と化した瞬間である。

3

これに先立つ三月から、秀吉は旧主信長の二男織田信雄・徳川家康連合軍と小牧・長久手合戦を戦っていたが、このときも景勝は秀吉と連携して、信州に兵を進め、家康の背後を脅かした。

信雄、ついで家康とも講和した秀吉は、翌天正十三年（一五八五）七月十一日、近衛前久の猶子となって従一位関白に叙任され、九月九日には新たにつくられた「豊臣朝臣《とよとみのあそん》」の姓を朝廷から賜った。

そして天正十四年（一五八六）五月二十日、景勝は兼続らを従えて春日山城を出発し、六月七日に上洛、同十四日大坂城で秀吉に謁見した。二十二日には参内して従四位下、左近衛権少将に任ぜられている。景勝は二十四日に京都を発ち、七月六日に春日山城に戻ったが、同年九月二十五日付で秀吉から、「関東そのほか隣国面々の事、入魂《じっこん》次第、申し次がるべき由、なお別紙に申し顕わし候也」と記した直書を賜わり（『上杉家文書』）、同日付の「関左ならびに伊達、会津辺御取次の儀について、御朱印相調い、これを進《まい》らせ候。御才覚専一に候事」と述べた石田三成・増田長盛の連署状も届き（『上杉家文書』）、景勝は豊臣政権から関東以北の大名の「取次」に任命された。「取次」とは、「豊臣政権の大名統制において、諸大名への命令伝達や個々の大名を服属させ後見するといった諸機能を果たし、かつそのような役割を公的に認められ期待される」地位・存在を指す（山本博文『幕藩制の成立と近世の国制』）。

さて、天皇の職務代行者である関白政権の体裁をとる豊臣政権は「惣無事令」を発して各地の紛争に介入し、戦国大名の交戦権を否定して私戦を停止し、秀吉裁定に服することを勧告して、平和的解決を強く要求した（藤木久志『豊臣平和令と戦国社会』）。

越後でも新発田重家が豊臣大名となった景勝に頑強に抵抗を続けたため、秀吉はしきりに降伏を勧めたが、重家が応じなかったため、景勝は豊臣政権の権威と力を背景に大軍を催し、天正十五年（一五八七）十月二十五日、ついに新発田城を攻略し、越後の再統一に成功した。

翌天正十六年（一五八八）四月二十日、景勝は再び兼続らを従えて上洛し、五月八日に京都・聚楽第《じゅらくてい》で秀吉に謁見して、秀吉の九州平定を祝すとともに、自らの新発田重家討伐を報じた。二十三日には正四位下参議に叙せられ（「菊亭晴季武家補任勘例」）、『お湯殿の上の日記』天正十六年（一五八八）八月十七日条には「ゑちこ《（越後）》のなかう《（長尾）》、せいくわ《（清華）》の御れい《（礼）》とて、御むま《（馬）》・たち《（太刀）》しん《（進）》上申、くわんしゆ寺《（勧修寺）》・中山ひろう《（披露）》」とあり、同日に景勝が「清華《せいが》」の家格に列したことが知られる。「清華」とは、摂関家に次ぐ公家の家格であり、太政大臣まで昇進可能で、豊臣期には久我《こが》・転法輪《てんぽうりん》三条・西園寺・徳大寺・菊亭《きくてい》・花山院《かさんのいん》・大炊御門《おおいみかど》の七家がこの家格に相当し、一般に「七清華」と呼ばれた。

これに加えて、織田信雄・徳川家康・羽柴秀長・羽柴秀次・宇喜多秀家の五人が、天正十六年（一五八八）四月の聚楽行幸の時点で、武家として「清華」に列していたことが知られるが、同年七月二十五日に毛利輝元（『輝元公上洛日記』）、次いで景勝が、さらに天正十九年（一五九一）正月十二日には前田利家（『時慶御記』）、文禄五年（慶長元年、一五九六）五月二十四日には小早川隆景（『毛利家文書』）がそれぞれ「清華」に列した（矢部健太郎「豊臣『武家清華家』の創出」）。彼らが「摂関家」たる豊臣宗家に次ぐ家格を持つ、トップグループの大名家だったのである。

景勝が「清華」に列した天正十六年（一五八八）八月十七日には、兼続が、

上卿　水無瀬中納言
天正十六年八月十七日　宣旨
従五位下豊臣兼続
宜令任山城守
蔵人頭左近衛権中将藤原慶親奉

という後陽成天皇の口宣案を賜り、従五位下山城守に任ぜられるとともに、「豊臣朝臣」の姓を許された。『天正朝聘日記』天正十六年（一五八八）七月二十九日条に、「諸大夫《しょだいぶ》」について、「此時官位を成され候也。合て口宣を成し下され、豊臣の姓を給り、従五位下行に上進なり。御一門に叙せられ候也。冠に赤装束にてきさ橋の御礼也」と記されるので、この時点で兼続は「諸大夫」に列したことが知られる（矢部健太郎『布衣』考――豊臣期『諸大夫成』の一形態」）。上杉家中では他に、三日後の八月二十日に色部長真、九月一日には荻田長繁、また天正十七年（一五八九）十二月三十日には須田満親がそれぞれ「諸大夫」に列したことが知られてい

る（下村效「天正　文禄　慶長年間の公家成・諸大夫成一覧」）。「清華」に列した大名家では、その家老クラスの人々も、豊臣政権から見れば陪臣《ばいしん》ではあったが、直臣大名とともに「諸大夫」のランクに叙されたのである。

4

さて、景勝は天正十七年（一五八九）には佐渡を平定し、天正十八年（一五九〇）には前田利家率いる北国軍の一員として、小田原城攻めに参加した。

小田原城を落とし、北条氏を滅亡させた秀吉は、ついに天下統一を完成させたが、景勝はその統一政権たる豊臣政権下で、越後七郡に加えて、信州川中島四郡、佐渡三郡、出羽庄内三郡、総計九十一万石を領する大々名となったのである。

翌天正十九年（一五九一）十二月二十七日、秀吉は甥の秀次に関白を譲り、自らは隠居して「太閤」を称したが、翌天正二十年（文禄元年、一五九二）正月五日諸将に朝鮮出兵を命じ、景勝・兼続主従も朝鮮半島に出陣した。文禄二年（一五九三）九月八日に肥前・名護屋に戻り、翌文禄三年（一五九四）正月五日に従三位に叙され、十月二十八日には中納言に任官した（「菊亭晴季武家補任勘例」）。

これまでの昇任で、前田利家は、常に宇喜多秀家・上杉景勝・毛利輝元の後塵を拝してきたが、従三位昇任は上杉景勝と同日で、中納言任官は景勝はおろか宇喜多秀家をも追い抜き、文禄三年（一五九四）四月七日のことであった。（「菊亭晴季武家補任勘例」）。これによって利家は、一気に徳川家康に次ぐナンバー2の立場に躍り出るのであるが、『三壺記』や『利家夜話』などは景勝と利家との間に座次をめぐる争論があったとの興味深いエピソードを紹介している（矢部健太郎「太閤秀吉の政権構想と大名の序列」）。

景勝が従三位中納言となった翌年、文禄四年（一五九五）七月十五日には秀吉から謀叛の疑いをかけられて高野山に追放された関白秀次が自刃に追い込まれ、豊臣政権は大きく動揺する。八月三日には、「一、諸大名縁辺の儀、御意を意、その上を以て申し定むべき事」など五ヶ条から成る「御掟」が徳川家康・宇喜多秀家・上杉景勝・前田利家・毛利輝元・小早川隆景の六名連署で発給され、「一、諸公家、諸門跡家々の道を嗜まれ、公儀御奉公専らにせらるべき事」など九ヶ条から成る「御掟追加」も同日付、同メンバーの連署で発給された。

「御掟」の五条目には、「一、乗物御赦免の衆、家康、利家、景勝、輝元、隆景、并古公家、長老、出世衆。此の外《ほか》大名たるといえども、若年衆は騎馬たるべし。年齢五十以後の衆は、路次一里に及ばば、駕籠の儀御免なさるべく候。当病においては、これまた駕籠御免の事」とあり、「若年衆」である宇喜多秀家を除いて、この「御掟」に連署したメンバーが特別に「乗物」に乗ることを許可されたことも知られるのである。

彼ら六人のうち、慶長二年（一五九七）に病没した小早川隆景を除く五名が、慶長三年（一五九八）八月の秀吉の死に際して定められた五大老となるのであるが、『浅野家文書』の中の「豊臣秀吉遺言覚書」に、

一、伏見には内府御座候て、諸職御肝煎《きもいり》なされ候へと御意に候。城々留守は徳善院・長束大蔵仕り、何時も内府てんしゆまでも、御上り候はんと仰せられ候はば、気遣いなく上り申すべき由、御意なされ候事。

一、大坂は秀頼様御座なされ候間、大納言殿御座候て、惣廻り御肝煎候へと御意なされ候。御城御番の儀は、皆々として相勤め候へと仰せ出され候。大納言殿てんしゆまでも、御上り候はんと仰せられ候はば、気遣いなく上り申すべき由、御意なされ候事。

とあり、老齢の家康（内府）・利家（大納言）の身にもし万が一のことがあれば、秀忠と利長が父に代わってその役をつとめるようにとも記されるので、五人の中でも徳川家康と前田利家が格別の存在で、彼ら二人がそれぞれ伏見城と大坂城にあって両輪となり、秀吉亡き後の豊臣政権を運営するように、というのが死に臨んで秀吉の示した方針であった（北川央「大坂城と城下町大坂――豊臣から徳川へ」）。秀吉はまた、「東・西は家・

輝両人、北国は前田、五畿内は五人の奉行」との遺言をも残しており（『萩藩閥閲録遺漏』）、東国は徳川家康、西国は毛利輝元、北国は前田利家、五畿内は五奉行がそれぞれ管轄することとなったが、慶長三年（一五九八）正月に越後から会津百二十万石に移封となった景勝は、秀吉死去の際は在国中であったため、管掌地域については触れられていないのが残念である。

こうして秀吉亡き後は、徳川家康・前田利家両人を中心に五大老・五奉行の合議制で豊臣政権は運営されることになるのであるが、秀吉没後一年も経たない慶長四年（一五九九）閏《うるう》三月三日に利家が亡くなり、脆《もろ》くもこの体制は崩れ去る。そして翌日にはさっそく福島正則・加藤清正・黒田長政ら七将による石田三成襲撃事件が発生する。これまでは、この非常事態を収拾したのは徳川家康であると説明されてきたが、近年跡部信氏が、家康だけでなく、毛利輝元・上杉景勝も協力して事にあたったことを明らかにし、この緊張の中にあって家康と景勝との間で縁組みが進められていたことも紹介している（跡部信「秀吉独裁制の権力構造」）。

5

ところが、慶長四年（一五九九）九月二十八日、前田利家も、石田三成もいなくなった大坂城に乗り込んだ家康は、権力への野望をあらわにし、家康暗殺を目論んだという理由で五奉行筆頭の浅野長政を甲斐に蟄居させ、領国加賀に下っていた前田利長にも謀叛の嫌疑をかけて、これを屈服させた。そして次にターゲットにされたのが上杉景勝であったが、家康からの詰問に対し、直江兼続が真っ向から反論し、敢然と受けて立ったため、家康は上杉討伐軍を編成し、会津へ向かうこととなった。下野国小山《おやま》に至った時点で石田三成挙兵の報せが届き、家康率いる軍勢は反転して西上するのであるが、兼続は家康による会津侵攻がないとみるや、最上義光《もがみよしあき》領へ兵を進め、九月十三日には畑谷城《はたや》（山形県東村山郡山辺町畑谷）を落とし、長谷堂城《はせどう》（山形市長谷堂）を包囲して、義光の居城山形城に迫った。平成二十一年（二〇〇九）に開催された『NHK大河ドラ

マ特別展　天地人――直江兼続とその時代』において初めて公開された慶長四年（一五九九）九月十四日付の書状で、伊達政宗は、「去る十日、最上の内はたやと申す城へ長井より直江山城守・春日右衛門佐両人の武者、大羽に参り候て陣取、昨日十三日はたや落城の由申し候」「最上の衆かかるよわく候て、はたやせめ候時もうしろまきこれなき由申し候。笑止千万に候。〳〵。大坂・伏見にての広言に相違の事ばかりにて候」と述べ、兼続の猛攻ぶりを記すとともに、日頃の広言とは裏腹にあまりにも弱い最上義光を激しく詰《なじ》り、あざ笑う内容となっている。

上杉軍は奥羽で快進撃を続けたが、肝心の関ヶ原合戦は家康方東軍の大勝利に終わり、戦後景勝は出羽・米沢三十万石への大減封を余儀なくされる。

慶長八年（一六〇三）二月十二日家康が征夷大将軍となって江戸に幕府を開き、慶長十年（一六〇五）四月十六日には嫡男秀忠が二代将軍となる。

鴫野古戦場跡石碑（大阪市城東区鴫野東）

慶長十九年（一六一四）の大坂冬の陣に徳川方として大坂城攻めに参加した上杉景勝・直江兼続主従は、冬の陣中最大の激戦となった十一月二十六日の鴫野《しぎの》・今福《いまふく》合戦で、佐竹義宣《よしのぶ》とともに大坂方の木村重成《しげなり》・後藤基次《もとつぐ》軍と戦い、佐竹勢が苦戦して劣勢に陥ったものの、上杉軍の奮戦で辛うじて勝利を得た。「戦国最強」と謳《うた》われた上杉軍が最後の輝きを見せた一瞬であった。

翌年の大坂夏の陣で豊臣家は滅び、元和五年（一六一九）十二月十九日、兼続は上杉家の江戸中屋敷（鱗《うろこ》屋敷）で息を引き取った。享年六十。妻おせんは寛永十四年（一六三七）正月四日に八十一歳で亡くなった。二人の間には一男二女が生まれたが、嫡男景明は慶長二十年（元和元年、一六一五）七月十二日、二十二歳で病死。関ヶ原合戦後、上杉家存続のため、長女お松と結婚させ、養子として迎え入れた本多正信の二男政重（直江勝吉）は、慶長十年（一六〇五）にお松が亡くなった後も兼続の弟大国実頼の娘を後妻としていたが、慶長十六年（一六一一）上杉家を辞して加賀・前田家に移っており、兼続の二女も長女お松と同じ年にすでに亡くなっていたから、後嗣のない直江家は絶家となった。

上杉景勝は元和九年（一六二三）三月二十日、六十九歳で米沢城内に病没し、後は嫡子定勝が継いだ。定勝の母は京都の公家四辻大納言公遠の娘で、景勝の側室だった。正室菊姫は、慶長九年（一六〇四）二月十六日に伏見の上杉屋敷で亡くなったが、側室の懐妊を知り、嫉妬に狂っての自害だったとも伝えられている。

定勝の後、上杉家は、四代藩主綱憲《つなのり》の家督相続の際に、さらに石高を半減され、綱憲が吉良義央の長子だった関係で、赤穂事件に巻き込まれたりもしたが、九代藩主には名君として名高い治憲《はるのり》（鷹山《ようざん》）を輩出するなどして、何とか幕末まで米沢藩主として続いた。自家を犠牲にしてまで主家・上杉家の存続を願った兼続の思いは、幸い叶えられたのである。

第8章　石田三成の重臣・島左近の画像

大阪城天守閣の平成二十二年（二〇一〇）度新収蔵資料に、世に「三成に　過ぎたるものが　二つあり　島の左近と　佐和山の城」と謳《うた》われた石田三成の重臣島左近の肖像画がある。露頂で直垂を着た左近が上畳《あげだたみ》に坐し、右手に扇を持ち、左手は軽く握る。腰に脇差を差し、左脇に太刀を置く。太刀を置く黒漆塗りの台には金蒔絵で「水に二つ垂れ角」紋と「丸に三つ柏」紋が表される。左近の後ろに置かれる櫃もやはり黒漆塗りで、二つの家紋が金蒔絵で表され、背後に立つ陣笠の馬印には頂部に金色の「丸に三つ柏」紋が取り付けられ、黄色の吹流には「水に二つ垂れ角」紋が染め抜かれている。横に立つ幟にもやはり二つの家紋が染められるが、直垂は「二つ垂れ角」紋のみで、「丸に三つ柏」紋はない。島左近の家紋としては「三つ柏」紋が著名であるが、本画像ではそれに並んで「水に二つ垂れ角」紋も左近の家紋として扱われている。像主左近の後方には鹿角《かづの》の前立を付けた緋威《ひおどし》の桃形兜《ももなりかぶと》が据えられる。

画面左隅下に

　拠于前写像家祖山楽筆蹟後
　讃者清人楊西亭墨跟臨摸焉
　旹天保三年壬辰春
　　山楽九世之絡孫
　金門画史
　狩野縫殿助永岳

と、本品製作に関する覚書がしたためられ、「岳」「山梁」「心閒意適」の朱印が三つ捺されている。

　これにより本品は禁裏御絵師をつとめた京狩野の第九代当主狩野永岳《かのうえいがく》（一七九〇〜一八六七）が天保三年（一八三二）春に描いたものと知れる。永岳は、同家の祖で秀吉・秀頼二代にわたって豊臣家の御用をつとめた狩野山楽（一五五九〜一六三五）筆の原本を写したといい、原本にのちに記された楊西亭の賛文もそのまま写したと記している。

　その賛文は、

文光武節君所長
一策一籌驚子房
聖将欲迎反招隠

島左近画像（大阪城天守閣蔵）

何洗纓望於滄浪
大清嘉慶二十有一年
丙子之夏慎讃
島左近源朝臣友之公
古杭楊西亭

というもので、右端上部に「黄中通理」、左端下部に「西亭」「楊氏之章」という朱印がある。一見すると朱印が捺されているように思われるが、永岳自身が記したように原本にあった朱印を写しとったものである。楊西亭は文政三年（一八二〇）と九年（一八二六）に長崎に入港した清船の船主として知られるが（『唐船進港回棹録　島原本唐人風説書　割符留帳』）、彼が原本にこの賛文をしたためたという「嘉慶二十有一年」はそれに先行する文化十三年（一八一六）にあたる。

さて、像主の島左近であるが、島氏は代々大和国の平群谷《へぐりだに》（奈良県生駒郡平群町）を本拠とする国人で、奈良・興福寺の一乗院に属した。戦国期の大和では、同じ国人で一乗院坊人の筒井氏が大きく勢力を伸張させ、松永久秀と激しく対立するが、島氏はこの筒井氏に属し、左近も筒井順慶に仕えて、松倉右近重信（勝重）とともに「筒井の右近・左近」と称される重臣となった。

順慶はやがて織田信長・羽柴秀吉に属して大和郡山城主となり、大和一国を領有することとなるが、秀吉が徳川家康と対峙した小牧・長久手合戦の最中、天正十二年（一五八四）八月十一日に郡山城中で病没した。順慶のあとは養子の定次が継ぐが、天正十三年（一五八五）閏《うるう》八月十八日に伊賀上野城へと転封になる。左近はこの定次と反りが合わず、代々仕えた筒井家を退去した。そして石田三成に迎えられるのであるが、その時期は定かではない。『常山紀談』には水口《みなくち》四万石の城主であった三成が半分の二万石を与えて左近を召し抱えたという有名な逸話が載せられるが、三成が水口城主であったという事実は残念ながら確認できない。

豊臣政権の奉行として抜群の行政手腕を発揮した石田三成であるが、慶長三年（一五九八）に秀吉が亡くなると、五大老の筆頭である徳川家康の横暴が目立つようになり、三成は居城佐和山への隠居を余儀なくされたものの、やがて挙兵し、家康に対抗する。そしてついに慶長五年（一六〇〇）九月十五日、家康率いる東軍と三成ら西軍が、近江との国境に近い美濃国関ヶ原において激突するのであるが、三成の家老である島左近は前日の杭瀬《くいせ》川の戦いで東軍の中村一栄《かずしげ》・有馬豊氏《とようじ》隊相手に勝利をあげている。翌日の決戦では西軍諸隊の多くが傍観を決め込む中、三成隊は宇喜多秀家・大谷吉継《よしつぐ》隊などとともに大奮戦し、途中まではほぼ互角の戦いを演じたが、西軍小早川秀秋の裏切りによって一気に均衡が崩れ、結果は東軍の大勝利に終わった。

この激戦の中、島左近は黒田長政隊の放った銃弾に当たって重傷を負い、やがて戦死を遂げたという。『黒田家譜』はその様子を、

> 諸手漸々に入乱れ戦ひけるに、敵身方勝負いまた決せす。やゝもすれは、敵勝色にみえける処に、長政（黒田）丹後守（竹中）と共に岩手山の間道より出来りて、横合に嶋左近か陣にかゝり給ふ。長政の家臣白石正兵衛・菅六之助等足軽を引つれ、右之方の少高き所にはしり上り、かねてよりすくり置きたる鉄砲の上手五十人に、透間もなく打せけれは、左近が兵多くうたれ、左近も鉄砲にあたりて落馬す。左近はかくれなき大剛の者にて、大音あけて下知しける声、雷霆のごとく陣中に響き、敵身方に聞えて耳を驚かしけるか、深手負けれは力及ハす、柵の内に引きとるへしとて家人の肩にかゝり、柵際まて引来りしか、其子新吉をとへは、はや戦死したるよし家人申を聞て、扨は是までなり。我首をあけて深谷にかくせといひ付けれは、家人其言のごとくにしたりける。

と記し（巻之十二）、『関原軍記大成』も、

> 或説に、石田が家老島左近は、鉄炮にて討たれたりと聞えければ、三成殊の外悲歎して、共に討死せんとや思ひけん、馬を乗出さんとせし時、近臣数輩馬の口にすがり、左近一人御家来にてあるべからず。

黙れば御情なき仰せなり。暫く爰を御退去ありて、時節を待ち給へと、拠なく諌むるに依つて、三成も諌に随ひて、竟に戦場を遁れたりといふ。今按ずるに、島左近は、黒田長政の鑓頭、菅六之助が打たする鉄炮に中りて、死亡せしといへるが実事なるべし。

と述べている（巻之二十六）。奈良市川上町の三笠霊苑（伴寺跡墓地）には五輪塔を彫り出した板碑の墓があり、「嶋左近尉　庚子九月十五日」と刻まれている。

他方、加藤嘉明《よしあき》隊の先手をつとめた戸川逵安《みちやす》勢が左近を打ち取ったとの所伝もある。戸川家はもと宇喜多家の宿老筆頭の立場にあったが、慶長四年（一五九九）の宇喜多家の家中騒動により同家を立ち退き、徳川家康に預けられた。同家の家譜「戸川家譜」は、関ヶ原合戦の際の戸川逵安（肥後守）勢と石田三成軍との衝突について、

金吾秀秋裏切して、大谷刑部少輔を打取、西勢先跡となく惣崩して伊吹山へ大方逃登る、（中略）肥後守方の手ハ、初より定のことく加藤左馬助先手にて、治部少輔陣所の山へ押よセ、石田三成家士六、七十騎、柵を破り一同に突て出、左馬之助勢左右に開き押包、一人も不残打取ける、此手惣勢ハ備て、抜落ハ可打取迚見物す、扨も見事成る打留様と何も被仰也、三成ハ談合迚出て我陣所に不居して、直ニ逃落ける、家人右之外散々に不残逃失ぬ、此出大将ハ島左近といふ説あり

と述べ、「異説」として戸川勢による島左近の討ち取りを紹介するが、「戸川記」では、

一、関か原御陣金吾秀秋裏切有之て大谷刑部爰に命を果し。其余の上方勢惣崩にて伊吹山の方へ敗す。島津一手而已備を不崩、海道を直くに引退く。侘家の落人も是を頼み従行者ハ大坂迄無事に引たる者多しと也。肥後守ハ如定加藤嘉明の先手に加ハリ、治部少輔陣に蒐り、石田家之者六七十騎、柵破一同に突出するを、嘉明勢左右に開き押包、一人も不残討殺す。此手惣衆ハ其側に備て抜落の者あらハ打んと、先手に而已働かせて其余ハ後ろに見物す。他家衆是を見て、偖も見事成る討様哉と称美せり。三成ハ軍

評に佗の備へ往たる儘にて我陣へも不帰敗走す。右嘉明の先手と戦切死せし大将ハ島左近也と云り。とそれを明言する。

戸川逵安は関ヶ原合戦の戦功を認められて備中国都宇《つう》・賀陽《かや》両郡内において二万九千二百石を与えられ、庭瀬藩の初代藩主となる。庭瀬藩主の戸川家は四代安風《やすかぜ》に嗣子がなく断絶となるが、逵安の三男安尤《やすもと》を祖とする戸川家などが旗本として残った。この旗本戸川家から島左近所用の兜が久能山東照宮に奉納され、現在は久能山東照宮の所蔵品となっている。五十二間の筋兜で、総覆輪のたいへん豪華な兜である。旗本戸川家伝来資料を収蔵・展示する岡山県都窪郡早島町の戸川家記念館には兜の「忍びの緒」だけが遺り、これを納めていた袋には「兜は久能山へ奉献す　嶋左近兜　忍びの緒　血痕斑々」としたためられている。

このように島左近の最期については、黒田家が討ちとったとする説以外に、戸川家で討ち取ったとする説があり、証拠品を伝えていたことも確認できる。

さて、本画像の像主後方に描かれる幟には「鬼子母善神十羅刹女」、左右に「八幡大武神」「鎮宅霊符神」の神名が記されるが、「鬼子母善神」「十羅刹女」はともに日蓮宗（法華宗）で守護神として信仰される神である。さらに上方でたなびく旗には「南無妙法蓮華経」と記されるから、これは像主である島左近が日蓮宗（法華宗）の信者であることを示している。南都・興福寺に属した島左近はいつかの時点で日蓮宗へと宗旨替えをしたのであろうか。

この点にかかわって注目されるのは、京都市上京区の立本寺《りゅうほんじ》にある島左近の墓である。立本寺は日蓮宗の本山で、墓石正面に「妙法院殿嶋左近源友之大神儀」、裏面に「寛永九壬申六月二十六日歿」と刻まれ、台石正面に「土葬」とある。

また同寺塔頭《たっちゅう》教法院の過去帳には「寛永九壬申六月　妙法院殿前拾遺鬼玉勇施勝猛大神儀　島左近源友之事」とあり、「寛永九壬申六月廿六日　妙法院殿前拾遺鬼玉勇施勝猛大神儀　島左近源友之事」と記された位牌も遺される。

島左近の諱《いみな》については清興・勝猛・友之・昌仲・兼清・清胤・清之などさまざまに伝えられるが、『多聞院日記』天正二十年（文禄元年、一五九二）十月十四日条に

一、北法印去十日ニ帰国、昨日被尋、ミノ帋二帖被持了、用アル由申間宿へ尋之処、嶋左近清興高麗陣立無異儀帰国ノ様、当社へ立願状事被申間同心了、仁王経信読百部・同談義一返二色ノ事申定了

とあり、同年十月十八日条にも、

十八日、早旦社参了、嶋左近清興出陣付、早速帰国之立願状事北庵法印被申間直参了、奉幣伊右衛門祢宜申付之

とある。さらに、奈良・春日大社の本殿南門向かって右側の石灯籠には、

天正五丁丑　敬
春日社奉寄進　嶋左近丞清興
卯月廿二日　白

と刻まれ、埼玉県根岸武香氏所蔵の「根岸文書」（東京大学史料編纂所架蔵写真帳）には「嶋左近清興（花押）」という左近自身の署名も確認できるので、正しくは「清興」だったのであろうと考えられているが、本品と立本寺の墓碑、教法院の過去帳・位牌はいずれも諱を「友之」と記している。

それよりも注目すべきは墓碑・過去帳・位牌のいずれもが島左近の逝去を寛永九年（一六三二）六月二十六日とすることで、これが事実であるならば、左近は関ヶ原合戦で戦死したのではなく、その後三十二年も生きながらえたことになる。

実際、左近の生存を語る史料は多く、山鹿素行の『武家事紀』は「左近は杳として不明」、飯田忠彦の『野史』は「左近走りてその終わる所を知らず」と述べ、『石田軍記』は嫡男新吉政勝が討死したにもかかわらず、

それを承知で西国に落ち延びた左近を非難し、「去程に島左近は、まざまざと愛子の討たるるを、援けんと思ふ心もなく、空知らずして落行きし」と記している。

先に記したように、黒田家や戸川家はそれぞれ自家の家譜などで島左近を討ち取ったと主張するのであるが、実は関ヶ原合戦後の首実検《くびじっけん》に左近の首はかけられておらず、左近討取の戦功についても正式な認定はなされていないのである。

したがって関ヶ原合戦後も左近は生存したとする説は十分成立が可能で、本品もまたこの生存説にかかわる史料なのである。本品を納める箱の蓋には、表に「嶋左近源朝臣友之公御肖像　狩野光頼筆　楊西亭讃」とある。「狩野光頼」は本品原本の作者とされる狩野山楽のことであるが、蓋の内側には次のような左近の略歴がびっしりと記されている。

> 姓源氏嶋、諱友之、字士文、称左近、幼游於文武道、慕於臥龍高祖之術、運籌於帷幕之中、致勝於千里之外、勇名轟於四海、卿先寓于筒井家之時、大功勝而不可数也、于時順慶雖痴君、尚勤以智行、政以仁愛、人英名高第一時鳴、天正十年六月於山崎洞嶽　羽柴筑前守豊臣秀吉公与明智光秀合戦之時、卿納策与斎藤大八戦、終得首級献之、公賞之、賜添尊詠一首于白柄長刀一振、九月九日謁諸候《ママ》列、賜禄一万三千石於江州醍井庄、天正《ママ》五年九月十五日戦於濃州関原、石田三成雖敗走、卿父子尚納戦時、義勝与藤堂玄番《ママ》允戦、終得首級、以鮮血録籏七言四句之詩而卒、于時年十有七、　卿道京師北山、後拝謁　東照大神君、辞官、隠江州伊吹山、寛永九年六月廿六日

これによると、左近は関ヶ原の戦場を逃れ、いったんは京都の北山に隠れ住んだものの、後に名乗り出て徳川家康に拝謁し、仕官を勧められたが、これを固辞し、晩年は近江国伊吹山の山中に隠栖したのだという。

立本寺・教法院で今も島左近の供養を続けるのは、広島県東広島市西条本町で白牡丹《はくぼたん》酒造株式会社を営む島家で、同家は左近の次男・彦太郎忠正の末裔と伝える。同家伝来の古記録（『関ケ原町史　通史編上巻』）には、

関ヶ原合戦後の島左近について、

島左近勝猛、又ノ名ヲ友之ト云フ、天正ノ初年、石田三成ノ上客トナル、関ヶ原ノ役ニ謀士ノ長トナリ、戦ニ敗レ、囲ヲ衝キテ奔ル、後、京都立本寺ニ隠レ、寛永九年壬申六月二十六日歿ス、妙法院殿前拾遺鬼王（ママ）勇施勝猛大神儀

とあり、次男彦太郎の安芸国移住の経緯についても、

島彦太郎忠正、左近ノ次男ニシテ、母トトモニ京都ニ在リシガ、関ヶ原ノ悲報ヲ聞キテ西ニ走ル。関ヶ原西軍ノ残党縁者弾圧ニヨリ隠ルタメ、坪島彦助ト称シ、慶長七年壬寅年、安芸国西条四日市ニ住ス、妻ヲ財満貞之丞方家ノ女ト定ム、慶長十六年辛亥年十一月十三日歿ス、宝光院珠山元玲居士、四日市塔ノ岡ニ葬ル

と記される。残念ながらこの「古記録」がいつ記されたものかはわからないが、本品蓋裏の記述はこれとは少し異なり、近江・伊吹山での隠栖を伝えている点が興味深い。

関ヶ原合戦後の島左近については、東広島市・島家の古記録などが伝える京都・立本寺以外にも、滋賀県長浜市余呉町奥川並、滋賀県長浜市早崎町（竹生島）、静岡県天竜市、岩手県陸前高田市米崎町、長崎県対馬市美津島町島山（島山島）など、各地で潜伏伝説が語られ、大坂の陣に際して浪人となっていた左近が大坂城に入城したという話も伝えられる。

また、左近の室や子息の落ち行き先についても東広島市以外に、大阪市淀川区とする説があり、同区十三東三丁目の木川町共同墓地には島左近の墓と伝える五輪塔と左近の孫とされる島道悦《どうえつ》（一六〇九～五三）以下島家の墓碑・墓塔が立ち並ぶ。この説では、左近の室と娘が当時の「木寺村」（現・大阪市淀川区木川）に居住し、娘はのちに大阪天満宮社家（現・宮司家）の寺井家に嫁いだといい、寺井家系図には五代寺井種定の妻について「妻某。大坂浪人島左近道斎の女。元禄十年閏二月三日没、碧樹遷岸孺人」とあり、大阪市北区豊崎・

南浜墓地にある彼女の墓碑にも「島氏女」と刻まれている。

このように関ヶ原合戦後の左近はさまざまに語られるが、なかでも立本寺に墓があり、同寺塔頭教法院に位牌・過去帳の残る寛永九年（一六三二）六月二十六日死去説は、関ヶ原合戦での戦死説に対する最も有力な異説で、左近が日蓮宗の信徒になったとする説もずいぶん浸透したと思われ、幕末に製作された関ヶ原合戦図屏風（行田市郷土博物館所蔵本）右隻などには中央に「鬼子母善神十羅刹女」、左右に「八幡大菩薩」「鎮宅霊符神」と記された幟を背に差して馬に乗る左近の勇姿が描かれている。

本品も、そうした寛永九年（一六三二）六月二十六日死去説にかかわる島左近の肖像画であるが、これまで左近の画像は他に知られておらず、天保三年（一八三二）の作とはいえ、たいへん興味深い作品である。また関ヶ原合戦後の左近が京都に潜伏したのち、近江・伊吹山で隠栖したとの新たな所伝も伴っており、その点でも注目される。さらに本品が作者である狩野永岳自身によって写本であると明記されていることも重要で、原本とされる左近画像の所在・行方も大いに気になるところである。

本品はおそらく立本寺や同寺塔頭教法院との深いかかわりの中で製作されたと推測されるが、原本の捜索も含めて、本品の成立事情や伝来経緯など、今後も検討を続けたい。

〈参考文献〉

足立信治「島道悦のこと」（『大阪春秋』二九号、一九八一年）
坂本雅央『平群谷の驍将　嶋左近　改訂版』平群史蹟を守る会、二〇〇八年
島野穣「木川墓地に歴史を想う」（『大阪春秋』八四号、一九九六年）
白川亨『石田三成の生涯』新人物往来社、一九九五年
竹村俊則『京の墓碑めぐり』京都新聞社、一九八五年
田中方男「大阪天満宮神主・社家の系図」（大阪天満宮史料室編『大阪天満宮史の研究』思文閣出版、一九九一年）

近松譽文『大阪墓碑人物事典』東方出版、一九九五年
花ヶ前盛明編『島左近のすべて』新人物往来社、二〇〇一年
彦根城博物館編『伝統と革新――京都画壇の華　狩野永岳』彦根城博物館、二〇〇二年
松浦章「江戸時代後期における天草崎津漂着唐船の筆談記録」(荒武賢一朗ほか編『周縁の文化交渉学シリーズ2　天草諸島の文化交渉学研究』関西大学文化交渉学教育研究拠点、二〇一一年)
松浦章「中国帆船による東アジア海域交流」(岡本弘道編『周縁の文化交渉学シリーズ5　船の文化からみた東アジア諸国の位相――近世期の琉球を中心とした地域間比較を通じて』関西大学文化交渉学教育研究拠点、二〇一二年)
三善貞司編『大阪史蹟辞典』清文堂出版、一九八六年
三善貞司編『大阪人物辞典』清文堂出版、二〇〇〇年

第9章　関ヶ原合戦と残党狩り

✣吉利支丹・小西行長の生け捕り

慶長五年（一六〇〇）九月十五日の関ヶ原合戦は、徳川家康率いる東軍の大勝利に終わり、総崩れとなった西軍は、重病を押して出陣した大谷吉継《よしつぐ》が山中で切腹し果てたものの、主将石田三成をはじめ、宇喜多秀家・小西行長《ゆきなが》・安国寺恵瓊《あんこくじえけい》・島津義弘・長宗我部盛親《ちょうそかべもりちか》といった諸将が戦場を逃れ出て姿を消した。

徳川家康は九月二十七日に大坂城へ入り、豊臣秀頼に戦勝報告を行ったが、その一方で、田中吉政《よしまさ》が九月十七日付で、

急度《きっと》申し遣わす事

一、石田治部（三成）・備前宰相（宇喜多秀家）・島津（義弘）両三人、捕らえ来るにおいては、御引物《ひきもの》として其《その》所の物成《ものなり》、永代無役に下さるべき旨、御掟候《そうろう》事

一、右両三人とらへ候事、成らざるにおいては討ち果たし申すべく候。当座の引物として、金子百枚下さるべき旨、仰せ出され候事

一、其谷中差し送り候においては、路次《ろじ》有様《ありよう》に申し上ぐべく候。隠し候においては、其者の事は申すに及ばず、其一類一在所曲事《くせごと》に仰せ付けらるべく候旨の事

右の通りに候間《あいだ》、追々御注進申し上ぐべく候也

という厳しい手配書を発給したように、伊吹山中を中心に、西軍の残党狩りが熾烈《しれつ》をきわめた。そしてさっ

「関ヶ原合戦図屏風」に描かれた伊吹山中に逃げ込む西軍の兵
（部分、大阪歴史博物館蔵）

そく、九月十九日には小西行長が捕らえられた。

『慶長年中卜斎記《ぼくさいき》』その他の史料によって、行長捕縛の経緯《いきさつ》を再現すると次のようになる。

関ヶ原の町人林蔵主《りんぞうす》が伊吹山中を歩いていると、糟ヶ部《かすかべ》村（現・岐阜県揖斐《いび》郡揖斐川町春日）のあたりで一人の落ち武者から呼びとめられた。その武士は林蔵主に対して「吾《われ》ハ小西摂津守なり」と名乗り、「内府《だいふ》（家康）へ連《つれ》て行《いき》、褒美を取《とれ》」と言ってきたが、林蔵主は「沙汰の限り勿体なき御事。少し成共《なりとも》、早く落させられ候へ」と、少しでも早く落ち延びるよう勧めた。けれど行長は、「自害するも易《やす》けれども、根本吉利《きり》支丹《したん》なり。吉利志丹の法に自害はせず」と語り、なおも生け捕りにするよう強く懇願したので、林蔵主は仕方なく地元の領主竹中家に報告して、家老を呼び寄せ、行長を馬に乗せて、草津に宿営中の家康陣所まで同道したという。

『寛永諸家系図伝』の竹中重門《しげかど》の項には、

大権現（家康）関原にて三成と御合戦のとき、御旗下に属す。凶徒敗北の後、重門が家人関原の山中において小西摂津守行長を生捕て、これを献じければ、御朱印の御書を給る。

小西摂津守召捕給候。被レ入レ精之段、祝着之至ニ候。尚期ニ後音一候。恐々謹言。

九月十九日　家康

竹中丹後守殿

重門、小西行長がさす所の光忠《みつただ》の刀を拝領す

と記され、実際竹中家には九月十九日付の家康朱印状の原文書が伝存した。

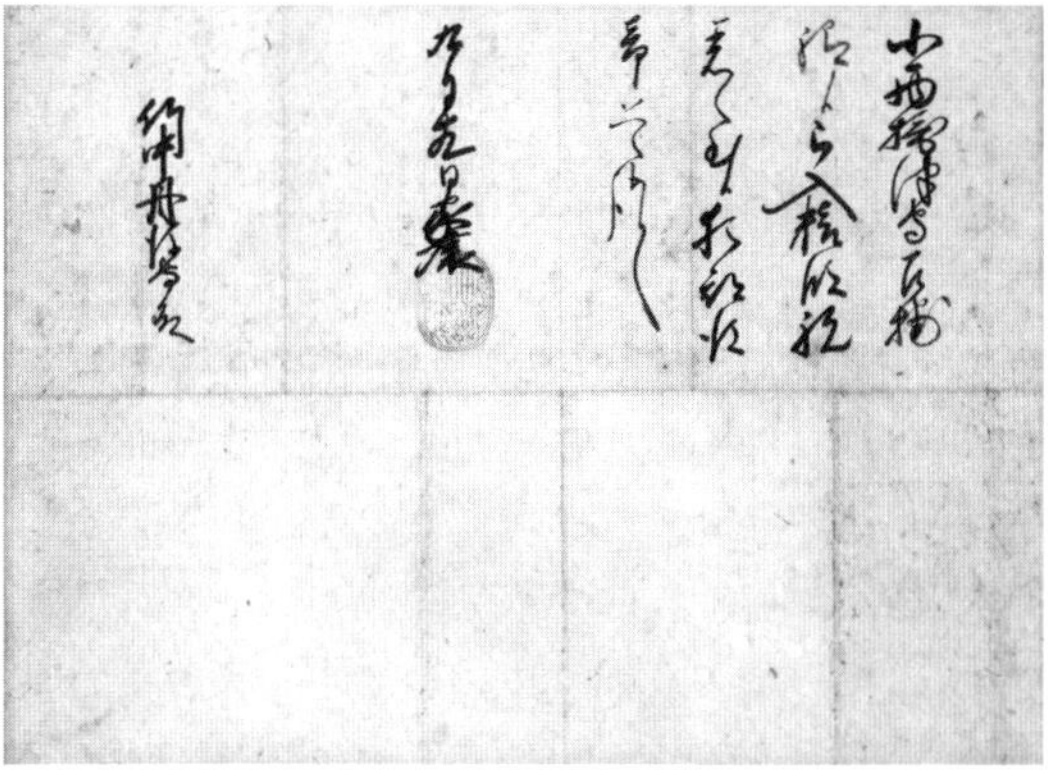

竹中重門宛の徳川家康朱印状（関ケ原町歴史民俗学習館蔵）

✣彷徨い歩く三成

続いて九月二十二日には石田三成も生け捕りにされた。『美濃国雑事記』などの記すところによれば、その様子は以下のようになる。

伊吹山中の草野（現・滋賀県長浜市草野町）で、わずかに付き従った磯野平三郎らとも別れた三成は、幼少の頃に学問を習った師の三重院という僧侶を訪ねたが、昨夜すでに田中吉政の手の者がやって来て、三重院は捕らえられ、吉政の陣所がある井ノ口村（現・滋賀県長浜市高月町井口）へと連行されていったと聞き、愕然《がくぜん》とする。気をとり直して、やはり旧知の僧がいる善袵院《ぜんじんいん》を訪ねたが、今度は在所の人々が寺にやって来て、落人《おちうど》を匿《かくま》うなどもってのほか、もし自分たちの意見を聞き入れないのならば訴え出ると強硬に迫ったので、三成は再び山中に身を隠した。四日間まったく食事をとらずに彷徨《さまよ》い

田中吉政画像（部分、眞勝寺蔵、柳川古文書館提供）

歩いた三成は、稲穂をむしり取って食べたところ、ひどい下痢に苦しむこととなり、やっとの思いで古橋村（現・滋賀県長浜市木之本町古橋）の与次郎大夫《よじろうだゆう》の家にたどり着いた。与次郎大夫は三成とは旧知の間柄で、親切に三成を介抱し、山中の洞窟に隠し置いてくれ、食事も毎日運んでくれた。ところが、三成を匿っているらしいとの噂を聞きつけた同じ村の又左衛門が、「天下の怨敵」を匿うとはどういう了見かと与次郎大夫を難詰《なんきつ》し、それを知った三成は自分を捕らえて訴え出るよう与次郎大夫に告げた。与次郎大夫は、自分は如何なる罪にとわれようともいっこうにかまわないと、強くこれを拒んだが、ようやく三成の説得に応じ、泣く泣く田中吉政の陣所に訴え出たという。吉政はさっそく兵を派遣して三成を捕らえ、乗り物に乗せて井ノ口村まで連行した。三成は井ノ口村に一日留められたあと、大津に宿営中の家康本陣へと連行されたと伝えられる。

『寛政重修諸家譜《かんせいちょうしゅうしょかふ》』の「田中吉政」の項には、「（九月）二十二日、吉政が手にて敵兵中島宗左衛門某父子を生捕しことを賞せられ、三成は越前をさして落行くときこしめされ、すみやかに召捕ふべき旨御書をたまふ。これにより家臣等に下知して三成が所在をさがしもとめしむ。二十三日、三成近江国の草野に身を隠し、樵夫《きこり》の体《てい》にもてなしてふし《（臥）》居たり。男吉次が先手田中伝左衛門正武あやしみてこれを問ふ。三成樵夫のよしを答ふ。しかれどもその面をよくしれるものありしかば、すなはちこれを生捕て大津の御陣営に献ず」とあり、三成捕縛に至る状況が少し違っているが、いずれにせよ家康が、九月二十二日付で池田輝政・浅野幸長《よしなが》、翌日付で細川忠興《ただおき》に宛てて、「田中兵部大輔」が「江州北郡越前境にて、石田治部少輔生捕候」と報じているので、田中吉政配下の兵が伊吹山中で三成の身柄を拘束したという事実は動かない。

『日本西教史』は、先に捕縛された小西行長について、「オーギュスタン（行長の洗礼名）は自尽すること能《あた》はざるに非ず、唯《ただ》天主の意に戻るを知り、天主の法を害するより寧《むし》ろ刑死に就き、卑怯《ひきょう》の人と見做《みな》さるゝを好めばなり。此れに由《よ》り之れを視れば、オーギュスタンは真実の大勇を全ふする者と謂《い》ふ可《べ》き歟《か》」と、最期までキリシタンとして生きたことを絶賛するが、他方、三成に関しては、「屠腹《とふく》するの勇なく終《つい》に虜《とりこ》とな」ったと酷評している。

✣本願寺で捕らえられた安国寺恵瓊

九月二十四日には、さらに安国寺恵瓊が召し捕らえられた。

慶長五年（一六〇〇）九月十七日の吉川広家《きっかわひろいえ》自筆書状案（『吉川家文書』）によれば、恵瓊はいったん戦場を脱出したにもかかわらず、南宮山《なんぐうさん》の吉川家陣所に戻って来て、毛利家が家康と講和するのならば、自分は喜んで切腹する覚悟ができていると伝えてきたという。これを聞いた広家は、切腹には及ばず、一人の僧として落ち延びるよう諭《さと》したと記している。

以下、『慶長年中卜斎記』などによって捕縛に至る経過を記すと、恵瓊は朽木谷《くつきだに》（現・滋賀県高島市朽木）から葛川《かつらがわ》（現・滋賀県大津市葛川）を抜けて、とりあえず鞍馬寺に身を隠したが、探索の手が身近に迫ったため、かねてから昵懇《じっこん》にしていた本願寺（西本願寺）坊官下間刑部卿《しもつまぎょうぶきょう》の聟《むこ》、端坊明正《はしのぼうみょうしょう》を訪ね、そこに身を移した。けれど本願寺にも追手《おって》が迫り、端坊の計らいで逃げようとしたところを捕らえられてしまったという。

恵瓊を捕らえたのは奥平信昌《おくだいらのぶまさ》の手勢で、『寛政重修諸家譜』の彼の項には、本願寺端坊から、肩輿《かたこし》に乗り、家臣の平井藤九郎《ひらいとうくろう》・長坂長七郎《ながさかちょうしちろう》に守られて、東寺方面に向かって逃げようとする安国寺恵瓊を、平井・長坂の激しい抵抗にあい、多くの犠牲者を出しながらも、ようやく捕縛に至った様子が克明に記されている。

安国寺恵瓊といえば、織田信長絶頂の時にその非業の死を予言したことで知られるが、わが身のことは予測できなかったようで、その惨《みじ》めな末路について、『関ヶ原記』は「此安国寺ト申ハ、五山ノ長老、東福寺住持トシテ、僧綱《そうごう》ノ位階ニ進ミ、紫衣《しえ》ヲ着シ、和尚トナレ共、故太閤秀吉公御愛敬《あいきょう》ニ依テ、十二万石ノ恩賞ヲ給リ、驕《おご》リ身ニ余リ、剰《あまつさ》ヘ悪党ニ組シ、廻文ヲ以テ悪国ニ至リ、叛逆ヲ企ル、前業之程計リ難クゾ覚ヘケリ」と記し、実に手厳しい。

そして十月一日、すでに大坂・堺で市中を引きまわされた三成・行長・恵瓊の三人が、一人ずつ車に乗せられて洛中を引きまわされ、六条河原で処刑された。醍醐寺三宝院の義演《ぎえん》は、生け捕りにされて惨めな姿を衆人に曝《さら》すこととなった三成ら三人に対し、「浅間敷次第《あさましき》也」(『義演准后《じゅごう》日記』慶長五年九月二十六日条)と、侮《ぶ》蔑《べつ》の言葉を投げかけた。

三成ら三人に、前日居城の水口《みなくち》で自害を強いられた長束正家《なつかまさいえ》を加えた四つの首が、三条橋に懸けられ、数万人もの物見高い民衆が押し寄せたと伝えられる(『時慶卿記《ときよしきょうき》』慶長五年十月一日条)。

✣島津と宇喜多のその後

こうして見ると、東軍による残党狩りはすこぶる順調に成果を挙げたかにみえるが、実際には九月十七日に田中吉政が指名手配した三人でさえ、そのうちで捕縛されたのは三成一人にすぎず、宇喜多秀家と島津義弘はいずれも難を逃れている。

島津義弘は有名な敵中突破で、伊賀から信楽《しがらき》を経て堺に入り、大坂城で人質となっていた正室らも無事収容して、船に乗り、薩摩への帰国を果たした。そして、幕府とのねばり強い講和交渉で、ついに島津家は本領安堵の回答を引き出すことに成功したのである。

宇喜多秀家はその島津家に身を寄せていたが、幕府との間で講和が成立した島津家から助命嘆願がなされ、正室豪姫《ごうひめ》の実家である前田家も懸命の努力を重ねた結果、秀家は一命を赦《ゆる》され、二人の子息孫九郎《まごくろう》（秀高《ひでたか》）・小平次《こへいじ》（秀継《ひでつぐ》）とともに、八丈島へ配流と決した。

前田家に戻った豪姫は、日々夫や子供たちのことを想い、深く歎き悲しんだと伝えられる。前田家三代藩主の利常は、姉豪姫の気持ちを慮《おもんぱか》り、幕府と交渉を重ね、隔年で八丈島に米その他を送ることを許可される。以降前田家では、幕末まで、代々の藩主が八丈島に物資を送り続けた。

明治二年（一八六九）、その秀家の子孫のもとに、「御一新につき、浮田（宇喜多）一類の者、家族一同御赦《おゆるし》仰せ付けられ候」との報せが届き、前田家に対しても、「旧来由緒もこれある趣に付、其藩へ引き取り、扶助致すべし」との命が下された。明治三年（一八七〇）八月十一日に八丈島を出帆した宇喜多家の人々は、ひとまず、板橋の平尾にあった前田家下屋敷内に住むこととなったが、明治五年（一八七二）十一月、新政府から板橋で一万九千九百坪もの土地が下賜され、前田家からも当面の生活資金として金千両が贈られた。熾烈な残党狩りを逃れた宇喜多家の「関ヶ原」が、豪姫の愛に支えられた二百七十年の時を経て、ようやく終わりを告げた。

第10章　〝独眼竜〟伊達政宗の慧眼

慶長三年（一五九八）八月十八日、豊臣秀吉は伏見城で六十二年の生涯を閉じた。

後継者の秀頼はわずか六歳の幼児にすぎず、秀頼の将来に大いなる不安を覚えた秀吉は、死に臨んで、秀頼の安全をはかるためにさまざまな方策を講じた。

秀頼には伏見城を出て大坂城へ移るようにと遺言し、五大老筆頭の徳川家康には伏見城で天下の政務を担うこと、次席の前田利家には秀頼とともに大坂城に移り秀頼の後見人となることを命じた。そして、家康・利家はともに老齢なので、もしもの場合には、それぞれの嫡男である徳川秀忠・前田利長が父の任務を果たすようにとも伝えた（「豊臣秀吉遺言覚書」浅野家文書）。

✣家康の動きを警戒した秀吉

秀頼の御座所《ござしょ》と定められた大坂城では、その強固な防衛力をよりいっそう高めるため、新たな工事が開始された。徳川家康の動きを警戒した秀吉は、万全を期すため、家康が入る伏見城には、豊臣家とゆかりの深い西国諸大名の屋敷を設け、一方、秀頼と前田利家が入る大坂城には、家康に近い東国諸大名が屋敷を営むよう命じた。彼らが互いに監視・牽制し合う体制をつくることで、政権の安定化をはかったのである。

こうして秀吉没後、豊臣政権は家康・利家を両輪として運営されることとなり、慶長四年（一五九九）正月十日に、秀頼は父秀吉の遺言にしたがい、伏見城から大坂城に移ったのであるが、秀吉の死から一年も経ず、同年閏《うるう》三月三日に前田利家が大阪・玉造《たまつくり》の屋敷で病没し、これを機に豊臣政権内部の対立が一気に表面化する。

利家の死の翌日、早くも福島正則・加藤清正・黒田長政ら七将が五奉行の一人である石田三成を襲撃し、秀吉在世中には政権の中枢を担った三成が近江・佐和山への退隠を余儀なくされた。さらに、利家の後を継いで大老となった前田利長に、家康は謀叛《むほん》の疑いをかけて屈服させ、利長を中央政界から追い払った。

そうして家康は慶長四年（一五九九）九月二十八日に大坂城に乗り込み、西之丸に居を定めるのであるが、それにともない伏見城下に屋敷を構えていた西国大名たちも大坂城下に移ったので、伏見と大坂に分かれていた豊臣政権は、大坂で一元化されることになった。ところがそれも束の間、家康は五大老の一人である上杉景勝に謀叛の嫌疑をかけ、景勝がこれに対抗する姿勢を見せたため、慶長五年（一六〇〇）六月十六日、家康は上杉征討のため、会津へと出陣する。

家康不在の隙《すき》をついて、石田三成が打倒家康の兵を挙げ、五大老の一人毛利輝元が総大将として迎えられたが、同年九月十五日に行われた関ヶ原合戦では、会津征討から反転して西上した徳川家康率いる東軍が三成ら西軍を破り、大勝利を得た。

家康は九月二十七日には大坂城に帰って、秀頼に勝利を報告し、再び西之丸に腰を据えたが、戦後処理を終えると、翌慶長六年（一六〇一）三月二十三日、家康は伏見城に移った。秀頼はそのまま大坂城にあったが、家康の移動にともない、諸大名は悉《ことごと》く大坂から伏見へと移ってしまった。

✣伏見郊外の屋敷拝領を喜ぶ

今井宗薫《そうくん》宛の伊達政宗自筆書状は、その翌月、卯月十八日付で出されたもので、日付の下には鶺鴒《せきれい》の姿にたとえられる政宗の花押《かおう》がしっかりと据えられている。五条目には、「伏見へ悉《ことごとく》御引越」と諸大名転居の様

慶長6年（1601）、伊達政宗が今井宗薫に宛てた書状の末尾（大阪城天守閣蔵）

子を記し、伊達家も伏見郊外の「藤ノ森」にあった「本之《もとの》屋敷」をそのまま拝領することができたと喜んでいる。八条目に「去十四日、此地仙台へ相移申候、誠陣屋の体《てい》、本丸之壁さへつけ不申候《もうさず》」とあるように、このとき政宗は築城工事真っ只中の仙台城にいたので、政宗の妻子を速やかに大坂から伏見の屋敷へ移すよう、上方にいる家臣たちに命じたと伝えている。

さらに政宗は、七条目で、家康の秀頼に対する措置に、「大坂之御仕置《おしおき》、何共〳〵、我等など分別ニ者《は》、合点参不申《がってんまいりもうさず》候」と異議を唱え、今のように大坂城に秀頼を放置しておいては、関ヶ原合戦で西軍に与《くみ》し、浪人となった連中が、秀頼を担いで謀叛を起こす可能性があるので、秀頼についても大坂から伏見へ移すか、あるいは幼少の間は江戸に引き取ってもよいのではないか、と提言する。

実は、本状から三日後の卯月二十一日付で、またしても政宗は宗薫宛に自筆書状を送っているのであるが（観心寺文書）、そこではさらに踏み込んで、「秀頼様が幼少の間は江戸か、伏見に移し、家康様の側に置くべきである。成人ののちに、家康様が秀頼様の器量をご覧になって、その処遇を判断されたらよい。たとえ秀吉様の子とはいえど、天下を治める力量がないのであれば、二、三ヶ国でも宛行《あてが》ってやればそれでよい。今のように秀頼様を大坂城に置いておくと、秀頼様を担いで反乱を起こす族《やから》が必ず現れ、その連中のために秀頼様が切腹するという事態にもなりかねない。もし万が一、そのようなことにでもなれば、それこそ亡き秀吉様の遺志に背くことになる」と、述べている。

のちの大坂の陣を早くに予見した、政宗の慧眼《けいがん》を示す史料として、これら二通の政宗自筆書状はつとに有名であるが、本状六条目・九条目ではさらに、このたび大坂から伏見へと移す予定の妻子は、そののち江戸に移すつもりで、今年中か来年にでもそれを実行に移したいとの政宗の意向を示し、十条目では、諸大名の妻子についても、同様に江戸に移すべきであると進言し、伊達家がその先鞭をつけると述べている。伏見城で、豊臣政権の大老という立場で政治を行う家康に対し、政宗は、もはや事実上家康の天下なのであるから、早く江戸に本拠を移し、徳川政権を樹立すべきであると、決断を促しているのである。

　このように本状は徳川幕府成立前夜の状況を物語る重要な史料であるが、そうした内容とともに、本状が直接家康に宛てたものではなく、堺の豪商今井宗薫に宛てられたものであることにも注目したい。

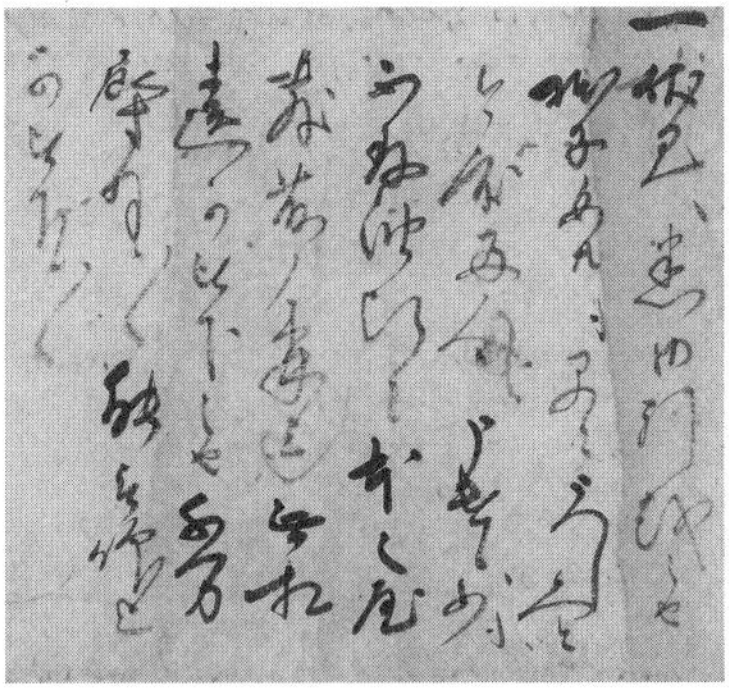

（五条目）
一、伏見へ悉《ことごとく》御引越之由《おひっこしのよし》。拙子《せっし》女共《おんなども》も早々うつし候へと今度《このたび》両人へ申遣候《もうしつかわしそうろう》。少《すこし》も不存油断候《ゆだんをぞんぜずそうろう》。本《もと》之《の》屋《や》敷《しき》藤ノ森迄《ふじのもりまで》無相違《そういなく》可被下之由《くださるべきのよし》、千万《せんばん》辱存候《かたじけなくぞんじそうろう》。能被仰上可被下候《よくおおせあげられくださるべくそうろう》く〳〵。

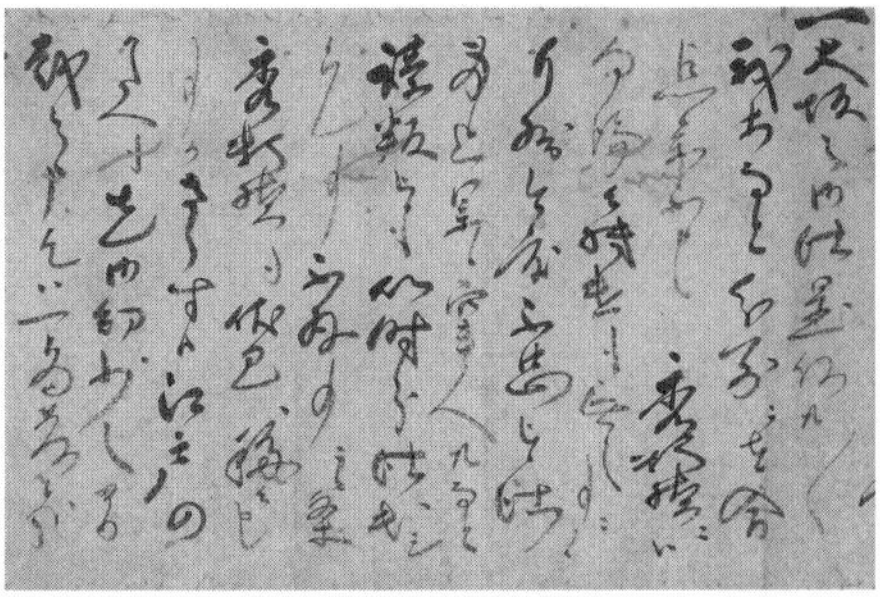

（七条目）
一、大坂之御仕置《おおさかのおしおき》、何共《なんとも》く〳〵、我等なと分別ニ者《は》、合点参不申候《がってんまいりもうさずそうろう》。秀頼様ニハ勿論御機遣《おきづかい》も無之事《これなきこと》ニ候。自然今度《このたび》不忠《ふちゅう》を仕《つかまつり》、身上果候《しんじょうはてそうろう》牢人共《にんども》なと謀叛をも以時分《じぶんをもって》仕出《しでか》シ候《そうら》ハん事不存事《ことぞんざること》ニ候条《そうろうじょう》、秀頼様も伏見へ移御申候事《うつしおんもうしそうろうこと》か、さらすハ江戸のかたへも先《まず》御幼少之間《ごようしょうのあいだ》越御申《こしおんもうし》候《そうらい》てハ可為如何候哉《いかがたるべくそうろうや》。

宗薫の父今井宗久《そうきゅう》は、津田宗及《そうぎゅう》・千利休と並んで信長・秀吉の茶頭《さどう》をつとめた茶人で、宗薫自身、秀吉の茶頭をつとめ、御伽衆《おとぎしゅう》にも列した。秀吉没後は家康に急接近し、家康の六男松平忠輝《まつだいらただてる》と政宗の長女五郎八姫《いろはひめ》の婚約にも奔走した。

本状も、そうした宗薫と家康・政宗の関係の中で発給されたものではあるが、「独眼竜」の異名で知られる奥州の覇者伊達政宗が、豪商とはいえど町人にすぎない今井宗薫相手に、「支障がなければ、本多正信にこの手紙の内容をお話しいただきたい」と、ずいぶんへりくだった態度で、家康側近への取り次ぎを依頼している。かの政宗でさえ、宗薫を通じなければ家康に献策できなかったのであり、茶人宗薫の存在感が際立って見える。

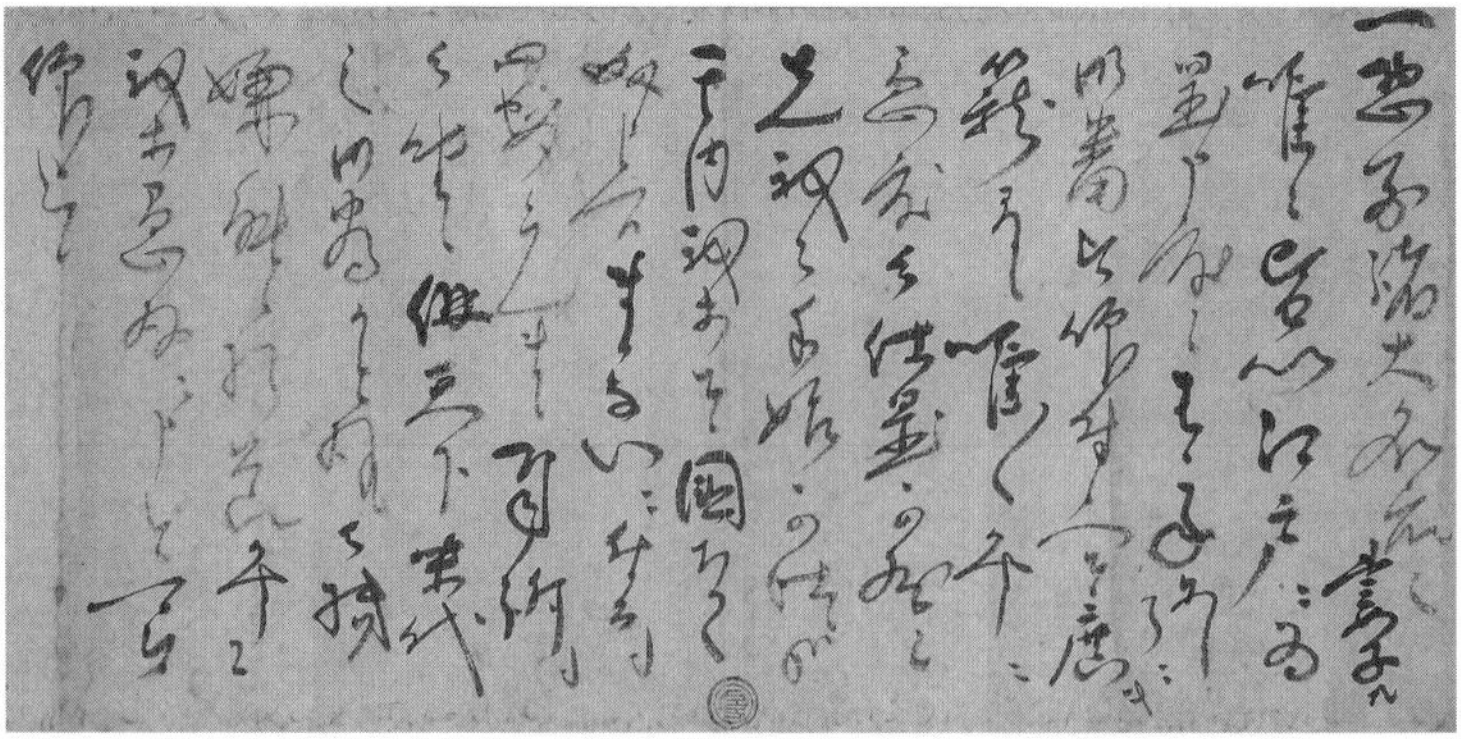

（十条目）

一、惣別諸大名《そうべつしょだいみょう》衆之妻子共《しゅうのさいしども》、唯々皆以《ただただみなもって》江戸ニ為置申度候《おかせもうしたくそうろう》。はこね・あしからニ御《ご》番被仰付候《ばんおおせつけられそうら》へ者《ば》、広《ひろ》キ籠にて候。唯《ただ》くかやうニ急度《きっと》御仕置《おしおき》可然候《しかるべくそうろう》。先《まず》我々手始《てはじめ》可仕候哉《つかまつるべくそうろうや》。其内我等《そのうちわれら》者《は》国ちかく成申《なりもうし》候《そうら》へハ、まかないニ付《ついて》而も心安候《こころやすくそうら》ハんまゝ、自訴《じそ》も御座候《ござそうろう》。併天下末代之御《しかしながらてんかまつだいのおん》為《ため》かと存候《ぞんじそうろう》。御機嫌能候折節《よくそうろうおりふし》、かやうニ我等愚存《ぐぞん》ニ申《もうす》と可被仰上候《おおせあげらるべくそうろう》。

第11章 秀頼時代の豊臣家と大坂の陣

1

慶長十九年（一六一四）七月、京都・東山では大仏殿（方広寺）の再建工事が着々と進み、開眼供養が間近に迫っていた。ところがそこに、徳川家康が難癖《なんくせ》を付けた。大梵鐘に刻まれた銘文の「国家安康」「君臣豊楽」という字句は、「家康を呪詛《じゅそ》し、豊臣家の繁栄を願うものである」というのである。大坂城の豊臣秀頼とその母淀殿は片桐且元や大蔵卿《おおくらきょうの》局《つぼね》らを派遣して懸命に弁明するが、家康はこれを手玉にとり、強引に大坂の陣を引き起こした。

作家司馬遼太郎氏は、大坂の陣を題材とする長編小説『城塞』で、「この時期、豊臣家をほろぼすために家康がひねりだした悪智恵というのは、古今に類がない」「家康の対大坂戦略は、戦いというよりもきわめて犯罪の色彩が濃く、これを犯罪とすればその犯行計画は精密をきわめた」と述べている。

大坂の陣の際の狡猾《こうかつ》きわまる策謀によって、家康の悪名は永く後世に伝えられることになる。けれど、家康はそんな評判など気にしてはいられなかった。家康には、もう時間がなかった。家康は追い詰められていたのである。

2

一般に関ヶ原合戦後の豊臣家は摂津・河内・和泉三ヶ国を領する六十数万石の一大名に転落した、と理解されている。でも、果たしてそれは事実なのであろうか。

たしかに、この通説には史料的根拠がある。『廃絶録』は徳川政権下の改易大名を年次ごとに書き上げたものであるが、元和元年（一六一五）の項には「六十五万七千四百石　摂州大坂城　摂津・河内・和泉　豊臣右大臣秀頼公五月八日、大坂城に於て二十三歳にて自害」とある。『徳川除封録』にも同様の記述があるが、『廃絶録』がまとめられたのは、大坂夏の陣で豊臣家が滅びてから二百年も後の文化九年（一八一二）のことであり、『徳川除封録』にいたっては明治二十四年（一八九一）の成立にすぎない。他方、文化六年（一八〇九）に完成した『断家譜』は、廃絶した大名・旗本の系譜集であるが、ここには豊臣家の家譜が収録されていない。つまり『断家譜』は『廃絶録』とは違い、豊臣家を徳川政権下で廃絶した大名としてカウントしていないのである。

慶長八年（一六〇三）二月十二日、徳川家康は征夷大将軍となり幕府を開いた。ところが、翌年の正月、京都の朝廷からは勅使以下親王・公家・諸門跡が豊臣秀頼に年賀の礼を述べるため、大坂城へと下向した。天皇に近侍する女官たちが書き継いだ『お湯殿の上の日記』の慶長九年（一六〇四）正月二十七日条には、「ひて（秀頼）よりへしよれい（諸礼）とて、おとこ（男）たちのこ（残）らす、大さか（坂）へ御くたり（下）有、此御所よりも、御たち（太刀）馬代しろかね（白銀）廿まい（枚）、宮の御方よりも、御たち馬代しろかね十枚まいらせらるゝ、てんそう（伝奏）御つかい也」と記される。大坂に下った公卿の一人西洞院《にしのとういん》時慶《ときよし》は、日記にそのおりの様子を具体的に記すが、そこには「秀頼御礼様子例年の如し」とある（『時慶卿記』慶長九年正月二十八日条）。正月の大坂下向は、徳川幕府が成立しても何ら変わることなく、例年のとおり、ごく普通に行われたことがわかる。

そして、この大坂下向は大坂冬の陣が勃発する慶長十九年（一六一四）正月まで続けられた。小槻《おづき》孝亮《たかすけ》は日記の慶長十九年（一六一四）正月二十二日条に「大坂秀頼公亭、明廿三日、諸家御礼也。今日より摂関以下公家衆等、大坂へ御下向也」と記し（『孝亮《たかすけ》宿禰《すくね》日次記《ひなみき》』）、山科《やましな》言緒《ときお》は「公家衆、各例年の如く、秀頼公へ御礼あり」（『言緒卿記』慶長十九年正月二十三日条）と書いている。秀頼が一大名であったならば、勅使以下、親王・公家・諸門跡が、毎年、年賀の礼を述べにやってきたであろうか。

また、年賀や歳暮、端午・八朔・重陽といった節句には、諸大名から数々の祝儀が大坂城に届けられた。毛利輝元・上杉景勝といった関ヶ原合戦の敗将だけでなく、伊達政宗をはじめとする東軍諸将からも祝儀は届いた。それらに対し、秀頼はごく簡単な礼状を送った。こんにち遺される秀頼発給文書のほとんどが、そうした礼状である。

秀頼はまた、各地の寺社を復興している。確認できるものだけでも、寺社の数で百ヶ所を超え、堂塔社殿の数になると、それをはるかに凌ぐ厖大《ぼうだい》なものになる。その範囲も、東は信濃の善光寺から西は出雲大社にまで及び、秀頼領とされる摂津・河内・和泉を大きく上まわる。そもそもこうした国家の安穏を祈願する寺社の保護は天下人に課せられた責務であるが、それを秀頼が行っている点が注目される。さらに興味深いのは、この寺社復興事業において、秀頼が現地の大名を奉行に任じていることである。たとえば、熊野本宮大社の復興にあたっては、和歌山城主の浅野幸長《よしなが》が奉行をつとめ（熊野本宮大社釣灯籠銘）、出雲大社に関しては、片桐且元とともに松江城主の堀尾吉晴《よしはる》が奉行に任じられた（出雲大社棟札）。豊臣秀頼が一大名であったならば、浅野幸長や堀尾吉晴とは同格だったはずであるが、両者の間には明確な上下関係が成立している。

秀頼の所領を摂津・河内・和泉三ヶ国の六十五万石余とすることにも疑問がある。そもそも秀頼が、家康や二代将軍となった徳川秀忠から知行を宛行《あてがわ》れたり、安堵されたという事実そのものがないのである。

大坂夏の陣で豊臣家が滅び、家臣の多くが滅亡したため、現在確認できる秀頼発給の知行宛行状《ちぎょうあてがいじょう》はわずか六通にすぎない。にもかかわらず、そこに記される村々は摂津・河内・和泉の範囲を越えて山城・近江・備中にまで広がっている。これに秀頼の直臣団である「大坂衆」の所領であることが判明している地域を加えると、その範囲はさらに大和・伊勢・美濃・丹波・讃岐・伊予にまで広がりをみせる。

こうした事実すべてが、関ヶ原合戦後の豊臣秀頼が決して一大名などではなかったことを示している。では、秀頼はどういう存在だったのであろうか。

天正十三年（一五八五）七月十一日、羽柴秀吉は従一位関白となり、同年九月九日には新たにつくられた「豊臣朝臣《とよとみのあそん》」の氏姓を賜った。そして、秀吉は公家の家格を用いて豊臣政権下の大名をランク付けする。豊臣本家は近衛《このえ》・鷹司《たかつかさ》・九条・二条・一条の五摂家に並ぶ「摂関家」となり、秀長・秀次の豊臣分家や旧主家の織田信雄、徳川家康らが摂関家に次ぐ「清華《せいが》家」に列した。「清華家」は摂政・関白にこそなれないが、太政大臣にまで昇進可能な家格で、久我《こが》・転法輪《てんぽうりん》三条・西園寺・徳大寺・菊亭《きくてい》・花山院《かさんのいん》・大炊御門《おおいみかど》の七家が「七清華」と呼ばれた。

毛利輝元・上杉景勝・前田利家・小早川隆景ら豊臣政権の大老たちも家康に続いて次々と「清華家」に列した。景勝の上杉家などは室町幕府の関東管領であった上杉家を継承する誇り高き家柄であったが、その上杉家をしても「清華家」に列することなど思いもよらぬことだったので、「今又景勝は、先祖上杉氏始まりて以来、先例なき中納言に昇進せられ、清華に準ぜらるゝ事、当家の高運、面目なる事なれば、末代の為め之を記す」（『北越耆談』）と書き留めている。

こうした家格は秀吉没後も厳然として残り、秀頼は「摂関家」たる豊臣本家の当主で、家康はその次にランクされる「清華家」の当主にすぎなかった。家格の上では秀頼が家康の上位に位置したのである。「摂関家」の当主である秀頼は、いつ関白になってもおかしくない存在であった。事実、慶長七年（一六〇二）十二月には朝廷に秀頼を関白に推す動きがあったようで、醍醐寺三宝院門跡《だいごじさんぼういんもんぜき》の義演は、「秀頼卿関白宣下の事仰せ出さると云々、珍重々々、江戸大納言（徳川秀忠）は将軍宣下と云々」（『義演准后日記《ぎえんじゅごうにっき》』慶長七年十二月晦日条）と記している。実際には秀頼への関白宣下はついに実現を見なかったのであるが、この記述で注目すべきは秀頼の「関白」と徳川秀忠の「将軍」とが併存するとの認識が示されていることである。我々は「将軍」というと、徳川幕府体制が安定して以降の絶対的な権力者をイメージしがちであるが、この時期の「将軍」は決してそうではなかった。家康が「将軍」になって幕府を開こうと、そのことで秀頼の「関白」への道が閉ざされたわけではなかったのである。

3

大仏殿の鐘銘《しょうめい》について、釈明する片桐且元に対して、家康は条件を示した。

①秀頼が江戸に参勤する

②淀殿が人質として江戸に下る

③秀頼が大坂城を出て国替えに応じる

これら三つのうちのどれかを豊臣家が呑むならば、家康は怒りをおさめるというのである（『駿府記』）。これは要するに豊臣家も徳川幕府傘下の一大名になれ、というメッセージであった。これまでにも何度か、そうしたメッセージを家康は発していたのであるが、そのたびに豊臣家の側は断固としてこれを拒否した。そして、ついに鐘銘事件へと至った。秀頼が一大名でなかったから、大坂の陣が起ったのである。

家康も当初から豊臣家を滅ぼそうと考えていたわけではない。おとなしく豊臣家が徳川体制下の一大名になるのであれば、秀吉による旧主織田家の処遇を参考に、それ相応の措置を予定していたものと思われる。ところが家康のこうした思いに豊臣家が応じることはなく、老齢になった家康にはいよいよ死期が迫り、一方の秀頼は前途有望な青年に成長した。慶長十六年（一六一一）三月二十八日に京都・二条城で両者が会見した際には、家康自らたくましい体軀の秀頼を直接目にし、京都の市民は上洛した秀頼を熱狂して迎えた。太閤秀吉以来の豊臣家の威光は健在だった。家康が焦ったのも仕方がない。武田信玄、上杉謙信、織田信長、豊臣秀吉といったカリスマ武将の死後、それぞれの家がどうなったかを、家康は十二分に見てきた。いままさにそれと同じ運命が徳川家に迫りつつあったのである。

自分の眼の黒いうちに豊臣家を潰しておかなければ、徳川家の方が危ない――家康はそうした思いにかられ、強引な手段を用いて大坂の陣を引き起こしたのである。

慶長十九年（一六一四）十月一日、家康は近江・伊勢・美濃・尾張・三河・遠江の諸大名に大坂攻めへの出陣を命じた（『駿府記』）。大坂冬の陣の始まりである。

大坂城を取り巻く徳川方の軍勢約二十万。対する大坂城には、長宗我部盛親《ちょうそかべもりちか》・後藤基次《もとつぐ》（又兵衛）・真田幸村（信繁）・毛利勝永（吉政）・明石全登（掃部《かもん》）ら浪人諸将が続々と入城を果たした。難攻不落の大坂城にこもる豊臣方も約十万に膨れ上がった。

両軍は延々と睨み合いを続けたが、その間、十一月十九日には木津川口・伝法《でんぽう》川口の戦い、二十六日には鴫野《しぎの》・今福《いまふく》合戦、二十九日には博労ヶ淵《ばくろうがふち》の戦い、十二月四日には真田出丸の攻防戦、十七日には本町橋の夜討ちなど、ごくわずかではあるが、激しい戦闘が繰り広げられた。冬の陣最大の激戦とされる鴫野・今福合戦では、今福口で後藤基次が徳川方の佐竹義宣《よしのぶ》隊を壊滅させたが、大和川対岸の鴫野口では徳川方の上杉景勝隊が勝利した。真田出丸の攻防戦では智将真田幸村が徳川方の大軍を翻弄して、散々に破ってみせた。結局徳川軍は大坂城の惣構《そうがまえ》内に一歩も踏み込めないまま、十二月二十二日には両軍の間で講和がととのった。

講和は

①大坂城は本丸のみを残して二之丸・三之丸は破却する

②淀殿を人質として取るようなことはしない

③豊臣方の将大野治長《はるなが》と織田有楽《うらく》の二人から人質を差し出す

という三つの条件を互いに認め合い、大坂城の最外郭である惣構の堀は徳川方が埋め、二之丸・三之丸については豊臣方で堀を埋めることも約束された。

　ところがこの約定はあっさり反故にされ、徳川の大軍があっという間に二之丸・三之丸の堀まで埋めてしまい、大坂城はわずかに本丸ばかりを残すあさましい「裸城《はだかじろ》」になってしまったのである。

　当然、豊臣方はこれに抗議したが、家康は逆に、大坂城ではしきりに再戦の準備を進めているとの噂が聞こえると難詰《なんきつ》し、①秀頼が大坂城を退去して大和または伊勢に移るか、さもなくば②新規召し抱えの浪人たちを全員城外に追放せよ、と強硬に迫った。今回も豊臣方では青木一重や常高院・大蔵卿局らを派遣して必死に弁明につとめたが、家康に取りつく島はなく、結局、慶長二十年（元和元年、一六一五）四月六日、家康が諸大名に出陣を命じ、大坂夏の陣が始まる。

　早くも同月二十六日からは両軍の間で前哨戦が始まり、二十九日の樫井《かしい》合戦では、塙直之《ばんなおゆき》（団右衛門《だんえもん》）が紀州から北上する徳川方の浅野長晟《ながあきら》隊を迎え撃つも、あえなく戦死。籠城かなわぬ豊臣方は河内方面に打って

真田丸顕彰碑（大阪市天王寺区餌差町）

樫井古戦場跡石碑（大阪府泉佐野市南中樫井）

木村重成墓（大阪府八尾市幸町・木村公園）

出、大坂に向かって進軍して来る徳川軍と五月六日に衝突した。道明寺《どうみょうじ》合戦では、後藤基次・薄田《すすきだ》兼相《かねすけ》（隼人正《はやとのしょう》）が徳川方の伊達政宗・松平忠明《ただあき》隊などを相手に大奮戦の末、戦死。八尾《やお》・若江《わかえ》合戦では長宗我部盛親隊が徳川方の藤堂高虎《とうどうたかとら》隊に壊滅的な打撃を与えたものの、木村重成《しげなり》は徳川方の井伊直孝隊に敗れ、壮絶な討死を遂げた。

翌七日が最後の決戦となり、大坂城の南側に展開する上町台地《うえまちだいち》一帯で徳川軍十五万五千、豊臣方五万五千が激突した。岡山口では大野治房《はるふさ》隊が将軍徳川秀忠の本陣近くまで迫り、天王寺口では真田幸村隊が大御所《おおごしょ》徳川家康本陣に突入し、家康をあと一歩のところまで追い詰めた。家康本陣を象徴する金扇の大馬印が崩されたのは、三方ヶ原の戦いで武田信玄に惨敗を喫して以来のことであった。

豊臣方は大健闘したが、結局は衆寡敵《しゅうかてき》せず、大坂城は落城した。

徳川方から「日本一《ひのもといち》の兵《つわもの》」と称えられた真田幸村は、力尽きて田圃《たんぼ》の畔《あぜ》に腰を下ろしているところを越前・松平忠直隊の西尾久作（仁左衛門）に首を取られた（『慶長見聞書』）。大坂城に一番乗りを果たしたのも松平忠直隊で、挙げた首級三千七百五十は、加賀の前田利常隊の三千二百を凌いで最も多く、徳川方全軍の総数一万四千六百二十九の実に二十六パーセントを占めた。

4

慶長二十年（元和元年、一六一五）五月八日、焼け残りの櫓《やぐら》に潜んでいた秀頼・淀殿らが自刃して豊臣家は滅亡した。これですっかり安堵したのか、家康は、翌元和二年（一六一六）四月十七日に七十五歳でこの世を去る。

すでに徳川幕府に対抗し得る勢力はなかったが、それでも家康の死によって、幕府の支配が揺らぐと考える人々は多くあったようで、大坂の陣で豊臣方に与《くみ》した摂津・河内・和泉の村々では百姓たちが武装蜂起した。

豊臣秀頼生存説も陣後すぐから語られ始め、平戸のイギリス商館長であったリチャード・コックスは日記に、「又秀頼様は生存し、大名の彼に加担するもの多しとの風聞あり」（一六一五年六月十六日条）、「又秀頼様は、薩摩或は琉球に逃れたりとの報あり」（一六一五年七月二十七日条）と書き留めている（『イギリス商館長日記』）。こうした秀頼生存の噂について、コックス自身は、「予は皆虚説なりと信ず」（一六一五年六月十六日条）、「されど予は之を信ぜず」（一六一五年六月二十日条）などと記して、まったく信用せず、「たゞ此南方諸国の人々は、老人（家康）よりも彼の壮者（秀頼）に同情するが故に、其の欲する所を語るに過ぎざるなり」（一六一五年六月二十日条）と冷静に分析した。けれど、こうした噂を語ったのは「南方諸国」、すなわち九州の人々だけではなかった。そののちコックスが、「夜半頃イートン君京都より平戸に着せり（中略）イートン君の談に依れば、秀頼様は今尚重臣五六名と共に生存し、恐らく薩摩に居るべしとの風聞一般に行はるゝ由なり」（一六一五年八月十三日条）と記したように、秀頼の薩摩落ちは、京・大坂をはじめとする広範な地域の人々によってまことしやかに語られたのである。さらにコックスは、家康が亡くなると、「秀頼様は尚生存して、内裡《だいり》の保護の下にあり、皇帝（家康）死去せしにより、此事今世に公にせられ、彼（秀頼）は皇帝となりて、再び大坂に築城すべき由なり」（一六一六年六月十三日条）、「薩摩の殿（島津家久）即ち王は、生存せる由なる秀頼様の権利の為め、新皇帝（徳川秀忠）に対して開戦せんとし、先づ長崎を攻めんとすと伝えらる、是れ目下一般に行はるゝ風評なり」（一六一六年七月七日条）と、不穏な情勢を記している。こうした「風聞」「風評」が大坂の陣当時の雰囲気をよく伝えている。幸い家康が生きているうちに豊臣家を滅亡させておいたからよかったものの、そうでなければ豊臣秀頼が徳川秀忠に取って代わった可能性は十分にあったのである。大坂冬の陣の真っ最中でさえ、イエズス会宣教師ヴァレンティン・カルヴァリヨは、「日本における政治的不安のため、また支配者（家康）が既に老齢に達しているから、この（キリシタン）迫害は長く続かないだろう。彼

（家康）が死ぬと彼の相続者・秀忠も滅びるだろう。そうでなくとも彼（秀忠）は諸侯のあいだで嫌われているので、政権を得られないであろう。しかしそのとき支配者になる人（秀頼）は、我々に対して、またキリスト教に対して、好感を示すだろうと我々は希望している」と、天下の形勢を予測した（一六一四年十二月十八日付報告）。青年公卿豊臣秀頼の声望はそれほどに高く、期待も大きかった。

慶安二年（一六四九）二月、彦根城下で大野治房の子宗室（宗説とも）が捕らえられた。彦根藩領箕浦にある浄土真宗本願寺派の有力寺院誓願寺住職の妻が治房の長女（宗室の姉）で、治房の妻（宗室らの母）もまた誓願寺にいた。豊臣家の残党が同寺に潜み幕府への謀叛《むほん》をたくらんでいる、との訴えがなされ、この箕浦誓願寺事件は発覚した。治房自身も未だ存命の可能性が高く、人相書を記した手配書が各地に撒《ま》かれた。豊臣家残党との関係に疑いを持たれた西本願寺も、他に残党を匿《かくま》っている末寺がないか、徹底的に調査を行っている。

翌三月には、和泉国淡輪《たんのわ》村で百姓になっていた後藤基次の三男佐太郎正方が捕らえられた。大坂の代官所で取り調べを受けた正方は、兄弟らの行方や境遇を詳しく供述した。

その二年後、慶安四年（一六五一）七月には軍学者由比正雪《ゆいしょうせつ》らが幕府転覆を狙い、反乱を計画したが、事前に情報が漏れ、失敗に終わった。首謀者の一人丸橋忠弥《まるばしちゅうや》は長宗我部盛親の遺児を称した。

これらに先立つ寛永十四年（一六三七）十月には、九州で島原の乱が勃発した。総大将の天草四郎は豊臣秀吉が「豊臣朝臣」賜姓以前に用いた「平朝臣秀吉」を名乗って「鎮西将軍」を称し、大将格の武将には「明石掃部」や「真田大介」がいた（『中川家文書』）。

慶長二十年（元和元年、一六一五）五月八日で大坂の陣が終わったわけではなかった。滅亡ののちも、豊臣家は徳川幕府を悩ませ続けたのである。

〈参考文献〉
岡本良一『大坂冬の陣夏の陣』創元社、一九七二年
笠谷和比古『関ヶ原合戦――家康の戦略と幕藩体制』講談社、一九九四年
笠谷和比古『関ヶ原合戦四百年の謎』新人物往来社、二〇〇〇年
笠谷和比古『関ヶ原合戦と近世の国制』思文閣出版、二〇〇〇年
笠谷和比古『戦争と日本史17　関ヶ原合戦と大坂の陣』吉川弘文館、二〇〇七年
北川央「大坂の陣に轟いた女性たち」（『歴史読本』五〇巻二号、本書13章に再録）
北川央「秀頼時代の豊臣家」（『国立文楽劇場　第一〇七回文楽公演　平成十九年七・八月』二〇〇七年）
北川央「大阪人から見た真田幸村」（週刊上田新聞社編『疾風六文銭　真田三代と信州上田』週刊上田新聞社、二〇〇七年）
北川央「上杉景勝・直江兼続の生涯と豊臣政権」（NHKプロモーション編『NHK大河ドラマ特別展　天地人――直江兼続とその時代』NHKプロモーション、二〇〇九年。本書第7章に再録）
北川央「直江兼続と大坂の陣」（花ヶ前盛明監修『直江兼続の新研究』宮帯出版社、二〇〇九年）
北川央「（連載〈大阪城　不思議の城〉）豊臣秀頼の実像」（『産経新聞』二〇一一年七月九日朝刊、のち北川央『大坂城と大坂の陣――その史実・伝承』新風書房、二〇一六年に再録）
北川央「豊臣逆転の勝算あり！　天下人を決する戦国最大最後の戦い」（『歴史街道』二〇一一年九月号、のち歴史街道編集部編『戦国時代を読み解く新視点』PHP新書、二〇二〇年に再録）
北川央・跡部信「平成11年度　豊臣時代資料・史跡調査概報」（『大阪城天守閣紀要』二九号、二〇〇一年）
北川央・跡部信「平成20年度　豊臣時代資料・史跡調査概報」（『大阪城天守閣紀要』三八号、二〇一〇年）
木村展子「豊臣秀頼の寺社造営について」（『日本建築学会計画系論文集』四九九号、一九九七年）
下村信博「ある豊臣秀頼の文書」（『名古屋市博物館だより』一一〇号、一九九六年）
二木謙一『大坂の陣――証言・史上最大の攻防戦』中公新書、一九八三年
宮本裕次「大坂の陣と周辺村落――地域社会における対立と領主権力」（『大阪城天守閣紀要』三二号、二〇〇四年）
矢部健太郎「豊臣『武家清華家』の創出」（『歴史学研究』七四六号、二〇〇一年、のち矢部健太郎『豊臣政権の支配秩序と朝廷』吉川弘文館、二〇一一年に再録）

第12章 豊臣秀頼の右筆・大橋龍慶の木像

大阪府松原市三宅の大橋家に同家の祖先大橋龍慶《りゅうけい》の木像が伝来した。平成九年（一九九七）に松原市に寄贈されたが、像高八十五センチの等身大の坐像で、背中一面に五百二十一文字にも及ぶ長大な龍慶自筆の銘文が刻まれている。虫損が甚しく、下から三分の一ほどが読めなくなってしまっているが、戦前に田中塊堂氏が調査されたおりにはまだ全文が判読できたようで、幸い氏の論文にその全文が掲載されている（「大橋龍慶とその書流」）。それによって、まず龍慶の経歴と木像ができた経緯とをみておこう。

大橋龍慶木像

大橋龍慶の父祖二代は河内国に生まれ、ともに左兵衛尉に任じられたが戦場に死し、龍慶は三歳で孤児となった。成長した龍慶は他国を歴訪し、ついに徳川三代将軍家光の麾下《きか》に属することとなり、その近習に加えられた。そして家光より剃髪の許しを得て、僧位としては最高の法印に叙されたのだという。

さて龍慶は、武蔵国牛込郷に所領を持っていたが、ある時強風が吹いて榎の大木が倒れた。以来奇瑞が相次いだため、この木から牛込の鎮守八幡の御神体ならびにその本地仏、さらには天神菅原道真像、弘法大師像などを彫り出し、かねて建立の社殿堂宇に安置させた。ところが龍慶の長子が、この木の残株で父龍慶の寿像をつくりたいというので、後世に自らの姿を遺しても何の益にもならないと思いつつも、今年が生誕満六十年にあたることでもあるから、孝子の求めに応じて仏師藤原貞信につくらせたのがこの像だというのである。完成した木像を龍慶生国の霊地誉田《こんだ》八幡宮内の草堂に安置することで、龍慶は社僧同様、来世まで神前に勤仕《ごんじ》することになるのだとも記している。時に寛永十九年（一六四二）五月十日。ちょうどこの日が龍慶満六十歳の誕生日であった。銘文の最後には、江戸初期の禅僧として著名な沢庵宗彭《たくあんそうほう》が偈《げ》を書き添えている。

以上から、大橋龍慶が三代将軍家光の近習であったこと、彼の長男の希望によって本像が作製され、龍慶の故郷の霊廟誉田八幡宮（現・大阪府羽曳野市）に安置されたことなどがわかる。

このように本像は本来誉田八幡宮に祀られ、江戸で旗本となった龍慶の子孫からの依頼で、河内に残っていた縁戚の大橋家が毎月代参していた（大橋家文書）。この由緒により、明治の神仏分離で僧形の本像が誉田八幡宮を離れざるを得なくなった際、大橋家に引き取られ、同家で祀られることとなったのである。

ところで龍慶像の銘文を解読した田中氏は、龍慶の父祖二代がともに戦場で死したとの記述をもって、龍慶の祖父、父はともに大坂夏の陣で戦死し、そのため龍慶は三歳で孤児となったと解された。『松原市史』第一巻でもこれを踏襲して、「祖父、父は豊臣秀吉に仕え、ともに戦死。時に勝千代（龍慶の幼名）は三歳」と述べている。けれども、この木像が完成した寛永十九年（一六四二）五月十日に龍慶は満六十歳の誕生日を迎えたのであるから、大坂夏の陣のあった慶長二十年（元和元年、一六一五）には三十四歳だったことになり、田中氏の解釈は成り立たない。では龍慶が家光の近習に加えられるまでの事情はまったく明らかにしえないのであろうか。

『寛政重修諸家譜《かんせいちょうしゅうしょかふ》』は、江戸幕府が大名、旗本、幕臣諸家の系譜を集大成したものであるが、その巻四八六に大橋家の系譜が収められている。

それによれば、龍慶の祖父は名を重治《しげはる》といい、河内国志紀郡に所領をもっていた。天文年間（一五三二～五五）、三好長慶《ながよし》に属してしばしば戦功があったが、永禄九年（一五六六）大和国多聞城合戦で矢を射られ、ようやく帰陣するもやがて死去。四十二歳であった。

次に父は、名を重慶《しげよし》といい、永禄十年（一五六七）にわずか十三歳であったにもかかわらず、家臣にたすけられて摂津国野田・福島の戦で勇名を馳す。三好家没落の後、豊臣秀次に仕えたが、天正十二年（一五八四）四月九日長久手の戦で戦死。時に三十歳であったと伝えられる。

さて問題の龍慶だが、幼名は勝千代、剃髪前の諱《いみな》を重保《しげやす》といった。父重慶戦死の際わずか三歳であったというから天正十年（一五八二）生まれということになり、寛永十九年（一六四二）に満六十歳であったとする龍慶本像の銘文と合致する。孤児となった勝千代は伯母のもとで養育されたが、九歳の時父の主君秀次が重慶の子を捜しているとの噂を聞き、父の旧友を通して名乗り出た。けれども秀次から幼少の間は勉学に励むようにとの沙汰があったため、京都南禅寺に入って以心国師《いしんこくし》（金地院崇伝《こんちいんすうでん》）に三年間師事。文禄四年（一五九五）秀次が秀吉によって自殺させられたため、西国を流浪。その後、片桐且元に召し抱えられ、数年して豊臣秀頼の右筆《ゆうひつ》（書記官）に取り立てられた。慶長十九年（一六一四）に且元が秀頼に背くとの風説が流れたおりには、重保も一緒に且元邸に立てこもり、且元退去とともに大坂城を後にした。冬の陣では、且元、その弟貞隆の陣に加わり旧主秀頼を攻める側にまわったが重傷を負い、その後蟄居《ちっきょ》していたため、翌年の夏の陣には参戦できず、大坂落城後の論功行賞にあずかることができなかった。そのため元和三年（一六一七）三月十七日、将軍秀忠が増上寺参詣の際自ら訴状を携えてこれまでの経緯を言上。認められて秀忠の右筆となり、相模国高座郡に所領五百石を賜った。ついで三代将軍家光の右筆もつとめたが、寛永十年（一六三三）職を辞す。しかしなお家光の傍にあり、仰せによって剃髪。名を龍慶と改めた。翌年には家光上洛に供奉して法印に叙され、式部卿に任じられた。正保二年（一六四五）、六十四歳で没したとある。
　こうしたいきさつは、江戸幕府の正史である「台徳院殿御実紀」元和三年（一六一七）三月十七日条にも見え、龍慶が家光に仕える以前に秀忠の右筆であったこと、さらにその前には豊臣秀頼の右筆をもつとめたことなどがわかる。また、同じく『寛政譜』『徳川実紀』は、龍慶像作製の志を発した龍慶の長男重政が家光・家綱の、次男重為が家綱の右筆をそれぞれつとめたことも併せて伝えている。

　かつて龍慶の木像が安置されていた誉田八幡宮には、現在龍慶奉納の銘がある太刀（銘則国）・剣（銘真守）二口（ともに重要文化財）が伝来するが、同宮の社家であった菅居家文書中には寛永二十一年（正保元年、一六四四）二月十五日付の龍慶の寄進状が残されており、それによって先の刀剣以外にも現存する伏見天皇の宸翰《しんかん》の『後撰和歌集』巻二十（鎌倉時代、重要文化財）、法華経一巻（平安時代、重要美術品）など三十四点がこの時龍慶により奉納されたことが知られるのである。

大橋龍慶木像銘文末尾部分。沢庵が「内心無喘　外正諸縁不領凡事　自然神仙」の偈を添えている

　それらの中には、龍慶木像の銘文末尾に偈を書き添えた沢庵が賛や奥書《おくがき》を加えたものもいくつか含まれており、両者の親交の深さを物語っている。

第13章　大坂の陣に蠢いた女性たち

✣大坂城の女主人・淀殿

豊臣家と徳川幕府との最終戦争となった大坂の陣。慶長十九年（一六一四）に戦われた冬の陣の際には、本丸に一万人ほどの女性が籠城したと伝えられる（『大坂陣山口休庵咄《きゅうあんばなし》』）。

筑前福岡藩主黒田家に伝来した大坂夏の陣図屏風（現在は大阪城天守閣蔵）は、翌年の大坂夏の陣の様子を描いたもので、右隻には五月七日最後の決戦における熾烈な戦いぶりが生き生きと克明に描かれ、他方左隻には落城後の悲惨きわまりない光景が、これまた詳細かつ生々しく描かれている。右隻五、六扇から左隻一扇にかけては、豊臣秀吉築造の大坂城が描かれ、五層の華麗な大天守が右隻六扇の左上方にその威容を誇っている。展示ケースのガラス越しでは、肉眼で確認することは難しいが、実は大天守の窓一つ一つに女性の顔が描き込まれ、彼女らは目頭をおさえ、涙を流しながら、豊臣方にとって圧倒的に不利な戦況を眺めている。

大坂の陣に際して、城主豊臣秀頼の母公である淀殿は甲冑に身を包んで城内各所を巡検し、全軍を指揮・監督したと伝えられる（『駿府記』『当代記』）。彼女こそ、紛れもない大坂城の女主人《おんなあるじ》で、豊臣方の総大将であった。

大坂の陣では、この女主人に仕えた幾人もの女性たちが、重要な局面でたびたび姿を現す。

「大坂夏の陣図屏風」（部分、大阪城天守閣蔵）

✣騙された淀殿の使者

周知のように、大坂の陣は、豊臣秀頼が再建して落成も間近に迫っていた京都・東山の大仏殿（のちの方広寺）の鐘銘に、徳川家康が難癖《なんくせ》を付けたことが、開戦の直接的なきっかけとなった。東福寺の清韓文英《せいかんぶんえい》長老の撰になる銘文中の「国家安康」「君臣豊楽」という語句が、専ら豊臣家の繁栄を願い、家康を呪詛《じゅそ》しているというのである。こじつけとしか表現しようのない、文字どおりの言いがかりではあったが、家康に弁明するため、秀頼は老臣の片桐且元を駿府城に派遣した。

且元は、慶長十九年（一六一四）八月十七日に駿府の手前丸子《まりこ》に到着したが、すぐには駿府に入ることを許されず、二日間同地の誓願寺に留め置かれたのち、十九日にようやく駿府入りを果たす。けれど、家康自身は会ってもくれず、彼の意を承《う》けた本多正純《まさずみ》・金地院《こんちいん》崇伝《すうでん》の両名から、鐘銘の件に加えて、棟札《むなふだ》の銘文や豊臣家がたくさんの浪人を召し抱えていることについても厳しく詰問された（『駿府記』）。

ところがこの時、且元とは別に、淀殿からの使者として大蔵卿《おおくらきょうの》局《つぼね》・二位局《にいのつぼね》・正永尼《しょうえいに》らも駿府に下向していた。大蔵卿局は淀殿の乳母で、大野治長《はるなが》・治房《はるふさ》兄弟の母。淀殿の親任が最も厚かった女性である。二位局は渡辺勝の姉、正永尼は渡辺糺《ただす》の母で、ともに淀殿に近侍した。家康は、彼女らとすぐに会見して懇《ねんご》ろにもてなし、鐘銘の件は一切口にせず、それどころか淀殿・秀頼母子に慰問の言葉さえ与えて、帰坂の途に着かせたのである。

彼女らはすっかり気分をよくして大坂城へと戻ったのであるが、一方で激しく責め立てられた且元は、

・秀頼が江戸に参勤する
・淀殿が人質として江戸に下る
・秀頼が大坂城を出て国替えに応ずる

以上、三つのうちいずれかしか、家康の激しい憤りをおさめる方法はないと言上した（『駿府記』）。

✣大坂冬の陣、開戦

大蔵卿局らによる復命とのあまりの違いに、徳川方に内通の嫌疑をかけられた且元は、慶長十九年（一六一四）十月一日、弟貞隆を伴い、ものものしく武装して大坂城を退去した。そして同日、家康は近江・伊勢・

徳川家康画像（大阪城天守閣蔵）

伝淀殿画像（部分、奈良県立美術館蔵）

美濃・尾張・三河・遠江の諸大名に大坂攻めへの出陣を命じた（『駿府記』）。

硬・軟を巧みに使い分けた家康の術策に、大坂方がものの見事に翻弄される格好で始まった大坂冬の陣は、十一月二十六日の鴫野《しぎの》・今福《いまふく》合戦や、徳川方に相当な被害をもたらした十二月四日の真田出丸の攻防戦など、いくつかの戦闘はあったものの、全体としては、両軍対峙の睨み合いが続き、やがて講和交渉が始まる。

第一回目の会談は、十二月十八日、徳川方の将京極忠高《ただたか》の陣所で行われ、大坂城からは常高院が出てきて、本多正純・阿茶局《あちゃのつぼね》と条件などを話し合った。京極忠高は京極高次の嫡子で、高次亡き後、京極家の家督を継いでいた。常高院は故京極高次の正室で、言わずと知れた淀殿の妹初《はつ》。将軍徳川秀忠の正室江《ごう》（小督《おごう》）にとっては姉にあたり、豊臣・徳川双方を取り持つ人物としては、これほどの適任者は他になかった。一方、徳川方の代表として現れた阿茶局は、抜群の政治的手腕で知られた大御所家康の側室である。

交渉は翌日も、同じ場所、同じメンバーで重ねられ、早くも十二月二十日には講和が成立する。
・大坂城は本丸のみを残して二之丸・三之丸は破却する
・淀殿を人質として取るようなことはしない
・豊臣方の将大野治長と織田有楽《うらく》の二人から人質を差し出す
という三つの条件を互いに認め合ったもので、この日、常高院に二位局・饗庭局《あいばのつぼね》を加えた豊臣方の三人の女性たちが、被物《かぶりもの》二つ、緞子《どんす》三十反を手土産に携えて茶臼山の家康本陣に赴き、家康から誓紙を受け取った。饗庭局もやはり淀殿に近侍した女性で、淀殿の父方浅井氏の一族と伝えられる。

二日後の十二月二十二日には、阿茶局と板倉重昌《しげまさ》が大坂城に入り、秀頼と淀殿から誓紙を受領した。こうして冬の陣の籠城戦は終わりを告げたのである。

✣大坂夏の陣と大坂落城

大坂城の最外郭である惣構《そうがまえ》の堀（惣堀《そうぼり》）は徳川方が埋め、二之丸・三之丸については豊臣方で堀を埋めるとの両者の約定《やくじょう》が破られ、徳川方によって大坂城は一気に本丸のみを残す裸城《はだかじろ》にされてしまい、大野治長・織田有楽の二人がこれに抗議するという一幕もあったが、とりあえず表面上は束の間の平和が保たれた。

翌慶長二十年（元和元年、一六一五）三月十五日には、和睦の礼などを述べるため、秀頼から使者として派遣された青木一重《かずしげ》や、淀殿から派遣された常高院・大蔵卿局・二位局・正永尼らを、家康は駿府城で引見している（『駿府記』）。

ちょうど九男義利《よしとし》（のちの義直）の婚礼に出席するため、名古屋城に赴く用のあった家康は、彼女らにも尾張へ来るようにと指示した。四月十日に家康は、義利の結婚に祝意を表す常高院らを再び名古屋城で引見したが、この間に情勢は急速に悪化しており、家康は、しきりに再軍備の噂が聞こえる豊臣家に対して、

・秀頼が大坂城を退去して大和または伊勢に移る
・新規召し抱えの浪人たちを全員城外に追放する

のいずれか一つを選択せよと強硬に迫った。常高院らは必死に詫びを入れたが、家康に取りつく島はなく、常高院と二位局は即刻大坂へ戻るよう命じられ、青木一重と大蔵卿局・正永尼には京都で家康の上洛を待つようにとの指示が告げられた。同月十八日、家康は上洛して二条城に入り、二十四日に彼女らを引見した。家康から指名を受けた青木一重・大蔵卿局・正永尼の三人に加えて、常高院と二位局も再度嘆願を試みたが功を奏さず、家康は青木一重を京都に留めて、女性たちには三ヶ条にわたる無理難題を突きつけて、大坂城に戻るよう命じた（『駿府記』）。

✣大坂城から脱出した常高院

そして二十六日から、早くも両軍による前哨戦が始まり、大坂夏の陣へと突入する。結果は、四月二十九日の樫井《かしい》合戦、五月六日の道明寺《どうみょうじ》合戦、八尾《やお》・若江《わかえ》合戦、いずれも豊臣方の敗北に終わり、塙直之《ばんなおゆき》（団右衛《だんえ》門《もん》）・後藤基次《もとつぐ》（又兵衛）・薄田《すすきだ》兼相《かねすけ》（隼人正《はやとのしょう》）・木村重成《しげなり》といった主だった武将が次々と戦死し、ついに五月七日最後の決戦では真田幸村（信繁）も亡くなり、大坂城は落城する。

大坂城から脱出する常高院（『おきく物語』、大阪城天守閣蔵）

大坂冬・夏両陣で豊臣・徳川両家の融和のため懸命に尽力した常高院は、落城寸前の大坂城から、命からがら脱出を果たす。大坂城中で淀殿に仕えたお菊は、太閤以来、豊臣家の栄光の象徴ともいうべき金瓢の馬印が無造作に放り出されているのを見て、とっさにこれを奪われては恥辱と判断し、粉々に打ち砕いた。そして城外へと脱出をはかったのであるが、その途中でお菊は、武士に背負われて城を出る常高院一行に出くわしている。そのときの様子は、彼女の語ったところをまとめた『おきく物語』の中に、挿絵入りで詳しく紹介されている。

さて、淀殿・秀頼母子と大野治長らの側近、大蔵卿局ら侍女たちは、大坂城の本丸北側に位置する山里曲輪《やまざとくるわ》へと身を移し、焼け残った櫓《やぐら》の中に潜み隠れた。このとき大野治長は、秀頼の正室千姫を城外に出し、彼女の父徳川秀忠の本陣へ送り届けた。千姫を通じて、淀殿・秀頼の助命を嘆願することが狙いだったとも伝えられるが、いずれにせよその甲斐もなく、徳川方の井伊直孝軍によって鉄砲を撃ちかけられた秀頼らは、慶長二十年

（元和元年、一六一五）五月八日、櫓に火を放ち、自害して果てた。

✣高台院と孝蔵主

京都・三本木《さんぼんぎ》の屋敷で豊臣家滅亡の報せを受けた故太閤秀吉の正室高台院（北政所）は、伊達政宗に宛てた五月十九日付の手紙に、深い感慨を込めて、「大坂の御事は、なにとも申し候はんずる言の葉も御入り候はぬ事にて候」と書いた。秀吉亡き後、大坂城を淀殿と秀頼に譲って京都に移り住んでからも、高台院は豊臣家の存続に力を尽くし、冬の陣開戦にあたっては、戦争を回避すべく、自ら大坂へ向かおうとした。すでに徳川軍によって通路が封鎖されていたため、やむなく引き返したが、さらに彼女は、江戸から孝蔵主《こうぞうす》を呼び戻して調停に乗り出そうとした（跡部信「豊家存続に〝連携〟していた淀殿と高台院」、同「戦国女性の政治力」）。孝蔵主は、かつて北政所の側近筆頭の地位にあり、ついには秀吉の奏者をつとめたほどの優れた政治的手腕の持ち主であった（藤田恒春「豊臣・徳川に仕えた一女性」）。

慶長十四年（一六〇九）に、高台院の兄木下家定の遺領相続をめぐって、家康と高台院の間に深刻な対立が生じた際、孝蔵主は弁明のため家康のもとに遣わされたが、家康にもその器量を認められ、江戸に留められて秀忠側近に仕えることとなった。高台院は、その孝蔵主に、豊臣・徳川の仲裁役として、白羽の矢を立てたのである。

結局、孝蔵主の上洛は現実のものとはならなかった。そして、夏の陣の際には、高台院自身が軟禁状態に置かれ、何ら手出しもできないまま、彼女は大坂落城と豊臣家滅亡の報に接することとなったのである。

✣二位局の暗躍

『駿府記』には、淀殿・秀頼と死をともにした「女中衆」の名が次のように記されている。

わごの御方　伊勢国司親類
大蔵卿　大野修理母
相庭《アイバノ》（饗庭）局
右京大夫　秀頼御乳母
宮内卿　木村長門守母、秀頼御乳母
お玉　湯川孫左衛門姉
二位局　渡辺筑後守母
一人呼出助命給

以上六人

この中で、大いに気になるのが、「一人呼び出し、助命し給う」と記された二位局である。『慶長見聞書』にも、「二位の局に参り候へと御呼び出しなされ候。これは内々二位を御不便《ふびん》に思し召し候故《ゆえ》かと申し候」とある。二位局を不憫《ふびん》に思った家康が、大坂城中から彼女を呼び出して、命を助けたのである。

この二位局にかかわって、近年、次のようにたいへん興味深い一通の手紙が、京都・建仁寺の塔頭《たっちゅう》正伝永源院で発見された（大阪城天守閣『特別展　戦国の五十人』）。

返々、まこ（孫）二郎事、ふさた（無沙汰）申間敷候まゝ、御心安おほしめし（思召）候へく候
御ふみ（文）くたされ候、くわしく（詳）見まいらせ候、まこ二郎事仰越候、う（有）楽たうかん（等閑）なくき候まゝ、おせから
と申、ふさた（無沙汰）申間敷候まゝ、御心やすくおほしめし候へく候、わか（我）身も此程ハ少わつらひ（煩）申まいらせ候
まゝ、ひてより（秀頼）さま御見え申候へく候まゝ、めてたくかしく、
二ゐ（位）御中　大ふ

署名の「大ふ」とは「内府《だいふ》」、すなわち内大臣のことで、文禄五年（慶長元年、一五九六）五月八日に内大臣

に任官した徳川家康は、晩年に至るまで自らの通称として自筆書状の署名にこれを用いた。したがって本状は、家康が自筆でしたためた二位局宛の手紙ということになる。

この手紙で家康は、二位局から詳細な手紙が届けられたことを謝し、彼女がたいそう心配している孫二郎のことについては、有楽もおろそかには思っていないので、安心するようにと伝えている。併せて、秀頼との対面については、家康が病気で少し体調を崩しているので、秀頼の方から家康のもとへ出向いて来て欲しい、とも述べている。

残念ながら、本状の発給時期を特定することはできないが、豊臣家滅亡前の複雑な政治状況のもとで出されたものであることは疑いない。そして、家康と二位局、さらに織田有楽の三人が親密な間柄であったこともうかがわれる。

織田信長の弟で茶人としても名高い織田有楽は、淀殿の叔父として大坂城中にあり、冬の陣の際も城内で秀頼を輔佐・後見した。その一方で彼は、城内の情報を徳川方に流し、夏の陣直前には、家康に願い出て大坂城を退去している（『駿府記』）。

二位局は、淀殿の意を承《う》けて、大蔵卿局・正永尼とともに、豊臣・徳川間の和平に奔走した。けれど、何故に彼女だけが家康に助け出されることになったのか。あえてその理由を語る必要もなさそうである。

第14章 真田幸村と大坂の陣——智将幸村の生き方・戦い方

✣関ヶ原合戦と高野山蟄居

慶長五年（一六〇〇）九月十五日、関ヶ原合戦が起こった。秀吉の死から二年後のことである。この合戦は「豊臣対徳川」と思われているが、実際には、豊臣家臣団が徳川家康の率いる東軍と石田三成らの西軍に分かれ、ともに「豊臣家のため」「秀頼公のため」という大義名分を掲げ、激突した戦いである。

上田城（長野県上田市）

真田家では、昌幸と次男の幸村（信繁）が西軍に、長男の信幸が東軍に与《くみ》した。東軍は反石田三成派の秀吉恩顧の大名を家康が、徳川譜代の家臣たちを家康の嫡子秀忠が率いた。家康軍は東海道を、秀忠軍は中山道を進んだが、昌幸と幸村は秀忠軍三万八千人をわずか三千人で迎え撃ち、上田城に釘づけにした。そのせいで秀忠軍は関ヶ原の本戦に遅参した（第二次上田合戦）。

家康は関ヶ原の決戦で一気に豊臣から徳川の時代にしたかったはずであるが、真田のせいで秀忠は武将として大恥をかかされ、東軍は秀吉恩顧の大名たちの働きによって、ようやく勝利を得ることができた。家康は西軍の大名たちから没収した所領を福島正則・黒田長政・池田輝政らに大盤振る舞いせねばならず、彼ら豊臣大名はいずれも大々名となった。

家康が計画した政権奪取のプランは変更を余儀なくされたのである。

昌幸と幸村は、西軍の大名として斬首されてもおかしくなかったが、家康の養女を妻とし、東軍に与した信幸の嘆願により死を免れ、高野山に配流された。信幸は、関ヶ原合戦ののち、「信之」と改名し、自身の上野・沼田領に加えて、父昌幸の上田領も宛行《あてがわ》れ、上田城主となった。

慶長五年（一六〇〇）十二月、昌幸と幸村は真田家と師檀関係にあった蓮華定院《れんげじょういん》に蟄居《ちっきょ》し、ほどなく麓の九《く》度山《どやま》に移った。高野山の山上は女人禁制であったが、麓は女性も居住できたので、幸村は妻子とともに暮らした。

✣昌幸と幸村の蟄居生活

慶長八年（一六〇三）二月十二日、家康は征夷大将軍になった。一ヶ月後の三月十五日、九度山の昌幸は故郷である信濃・真田郷の信綱寺《しんこうじ》住職に宛てて、「家康側近の本多正信が私のことを取り成してくれる。下山したら会おう」という手紙を書いている。昌幸は、「赦免工作が功を奏し、自分はすぐに許される」と呑気《のんき》に構えていたのである。

昌幸が九度山で書いた手紙には、「臨時の仕送り四十両のうち二十両を受け取った。九度山では借金がいっぱいある。残りの二十両を早く送ってくれ」と訴えるものもある。当時の一両は今の三十万円くらいと考えられるので、四十両はおよそ一千二百万円に相当する。

二人の生活は、新たに上田城主となった真田信之からの仕送りなどで支えられたが、それでは全然足らず、経済的に窮乏し、借金まみれになっていた。流人となってからも、大名としての生活水準を落とせなかったのであろう。

すぐに赦免を得られると考えていた昌幸であるが、蟄居生活十一年目の慶長十六年（一六一一）六月四日、

真田昌幸墓（和歌山県九度山町・真田庵）

九度山にて六十五歳で亡くなった。九日後の十三日付で、本多正信から真田信之に宛てた手紙には、「あなたの父昌幸は今も幕府から許されていない。葬儀は幕府の許可を得てからにせよ」と記されている。

昌幸の一周忌がすぎると、世話役をつとめた家臣のほとんどが上田に帰った。仕送りも大幅に減額されたと思われ、幸村の生活はいっそう苦しくなった。

幸村は上田の重臣に宛てた手紙の中で、「今年の冬はいつにも増して寒く感じる。何をやるにも不自由だ。私の情けない姿を察してくれ」と嘆き、「真左衛入」と署名している。「真」は真田、「左衛」は左衛門佐、「入」は入道である。父の死後、幸村は出家したのである。

姉婿に宛てた手紙では、「年を取ったことが悔しい。去年から急に年を取り、病気がちになった。歯も抜けた、髭も白いところばかりだ」と泣き言を吐露している。

✣大坂の陣——大坂城の動き

幸村が蟄居十四年目を迎えた慶長十九年（一六一四）十月一日、家康は諸大名に大坂攻めを命じた。大坂の陣の始まりである。

『駿府記』によると、駿府を発って大坂に向かう家康の元に、連日、京都所司代の板倉勝重から飛脚が到来し、大坂城の緊迫した動きを伝えている。それまでは土塁だけだった惣構《そうがまえ》に塀が付けられ、櫓《やぐら》や井楼《せいろう》が次々と建てられ、城の構えが堅牢になったこと、城から運び出された莫大な金銀で大量の米や武器が買われ、籠城の準備が進んだこと、豊臣秀頼からの招きに応じ、長宗我部《ちょうそかべ》盛親《もりちか》、後藤又兵衛をはじめ、有名・無名の浪人たちが続々と大坂城に入城したことなどが記されている。

✣幸村、破格の待遇で大坂城に入城

『大坂陣山口休庵咄』は、秀頼に仕え、大坂の陣を生き延びた山口休庵が話した内容をまとめたものである。この中に大坂城に入った主な浪人衆のリストがあり、その筆頭に幸村の名が出てくる。「豊臣勝利の暁には五十万石を与える」という条件で入城したことが記されている。前述の『駿府記』には秀頼が九度山から真田幸村を呼び寄せた際、当座の支度金として黄金二百枚、銀三十貫目を与えたことも記されている。ちなみに、黄金一枚は十両、一両は三十万円なので、黄金二百枚は六億円になる。銀一匁をおよそ五千円とすると、銀三十貫目は約一億五千万円。秀頼は総計七億五千万円を用意して幸村を迎えたことになる。幸村一人の支度金がこれだけであるから、豊臣家の財力には驚くしかない。

浪人衆の中で、もともと一番の大身だったのは土佐一国の太守《たいしゅ》であった長宗我部盛親であるが、『大坂陣山口休庵咄』のリストでは幸村の次に彼の名があり、「関ヶ原以前のように土佐二十二万二千石を与える」という条件が記されている。幸村は長宗我部の倍以上の石高を約束されたことになる。

さらに『落穂集《おちぼしゅう》』には、「秀頼に招かれて大坂城に入った浪人衆には、有名な武将が多かった。なかでも毛利勝永（吉政）、長宗我部盛親、真田幸村は〝三人衆〟と呼ばれ、特別扱いされた」とある。彼らは外様ながら、豊臣家の意思決定をする軍議にも参加を許された。

さて、幕府の命を受けた紀州浅野家と高野山金剛峯寺の監視下にあった真田幸村であるが、では、秀頼の招きを受けたとき、幸村はどのようにして九度山を脱出したのであろうか。

徳川幕府が編纂した正史「台徳院殿御実紀」慶長十九年十月十四日条には、「幸村は九度山の村人数百人を集めて大宴会を開き、彼らが泥酔した隙《すき》に彼らの馬や駕籠を奪い、妻子や家財道具を載せ、九度山を脱出した」とある。

江戸時代、信之の子孫は信濃・松代藩主になるが、同家が編纂した正史『先公実録』には、「真田の脱出を知り、浅野の家臣が九度山に駆け付けたが、村民から〝脱出は三日前〟と聞かされ、追捕を諦《あきら》めた。本当は脱出のすぐ後だったが、村民が幸村を庇《かば》ったのだ。一方、真田の大坂城入城を聞いた家康は、〝それは親か子か〟と震えながら尋ね、〝昌幸は病死しており、大坂城入城は幸村〟と知って安堵した」とある。

家康が昌幸の死を知らなかったとは思えないので、この話は虚構だと思われる。ただ、大坂冬の陣勃発の時点で、武将としての幸村の実力は未知数だったことを、この逸話は伝えているのであろう。

✣真田丸を築いたのは誰か

大坂城は難攻不落の巨大城郭で、東には広大な低湿地が広がり、北には淀川・大和川が流れ合い、西には海が迫るなど、天然の要害であった。しかし、南側だけは平坦な陸地が続き、弱点になっていた。

そこで、ここに出丸が築かれた。この出丸が「真田丸」である。「真田丸」という名称は、幸村が築いたので、そのように呼ばれたわけであるが、『落穂集』には、「最初、後藤又兵衛が出丸を築こうとした。ところが、後から来た幸村が又兵衛の作業を反故にし、出丸をつくってしまった。激怒した又兵衛は幸村と合戦だと息巻いたので、豊臣家では又兵衛をなだめるため、三人衆と同格という扱いにした」とある。又兵衛はかつて一万六千石を領したとはいえ、黒田長政の重臣であり、豊臣家から見れば陪臣《ばいしん》にすぎなかったのを、元大名の三人衆と同格にしたのである。このとき、元は宇喜多秀家の家老で三万三千石を領した明石全登（掃部《かもん》）も、ともに同格とされたので、「以後は〝五人衆〟と呼ばれるようになった」と記されている。『落穂集』は大坂の陣から百年以上経った享保十三年（一七二八）の作なので、信頼性に問題があるが、『大坂御陣覚書』にも、「最初、出丸にいたのは又兵衛だが、秀頼に遊軍を命じられたので、幸村が代わりに入り、〝真田丸〟

と呼ばれるようになった」とある。最初にあの場所に目をつけ、砦を築いたのは又兵衛なのかもしれない。

✣大坂冬の陣――真田丸の攻防

大坂冬の陣は、慶長十九年（一六一四）十一月中旬から戦闘状態に突入した。まず豊臣方が各地に築いた砦の攻防戦が行われたが、豊臣方は敗北を重ね、二十万の徳川軍が大坂城を包囲する事態となった。そして、十二月四日に真田丸の攻防戦が行われるのである。

『時慶卿記』には「大坂城責アリテ、寄衆人数多損ト」、『孝亮宿禰日次記』には「大坂表城責、越前少将勢四百八十騎、松平筑前勢三百騎死、此外雑兵死者不知其数之由有風聞」、『東大寺雑事記』には「大坂之城大ゼメ、今日迄ニヨセ衆壱万五千人程打ルト」とあり、徳川軍の大敗を伝えている。ちなみに「越前少将」は越前・北ノ庄城主で家康の孫にあたる松平忠直、「松平筑前」は加賀・金沢城主の前田利常を指す。

幸村は真田丸の攻防戦で徳川軍主力の前田利常、松平忠直、井伊直孝、藤堂高虎らを翻弄したのである。

✣幸村に対する寝返り工作

『慶長見聞書』には、「十二月十一日、家康は幸村に対し、幸村の叔父で、幕府の旗本になっていた真田信尹《のぶただ》を遣わし、寝返り工作を行った。しかし、家康からの誘いをきっぱり断った」とある。

一般に幸村は、「生前に秀吉から受けた大恩に報いるため、負けると知りながら大坂城に入った義の武将」というイメージで語られることが多い。しかし、実際はもっと現実的であった。幸村は、「辛くて厳しい九度山での生活から自分を救い出してくれた秀頼公に深く感謝しているので、その秀頼公を裏切って大坂城から出ていくことなど、できるはずがない」と返答しているのである。

さて、『慶長見聞書』では、「寝返り工作は十二月十一日に行われた」となっているが、『真田松代家譜』では、「両軍の間で和平が成立した十二月二十二日以降に行われた」と記されている。どちらが正しいかというと、裏工作の当事者である本多正純《まさずみ》が弟に宛てた慶長十九年（一六一四）十二月十四日付の手紙に、「信尹を通じて幸村に寝返り工作をしている」と書いているので、「和平成立前」が正しいことになる。

✣大坂夏の陣——道明寺の戦い

慶長二十年（元和元年、一六一五）五月六日、道明寺合戦が起こった。徳川軍は奈良方面から大和川沿いに大坂城を目指すと予想されていた。この経路では、大和国の竜田村（現・奈良県生駒郡斑鳩町龍田）から河内国の国分村（現・大阪府柏原市国分）までの間は隘路《あいろ》を通らねばならないので、豊臣軍は先に国分村に布陣し、隘路の出口で徳川軍を迎撃する作戦を立てた。

ところが、先鋒の後藤又兵衛が国分村近くの道明寺村（現・大阪府藤井寺市道明寺）に到着すると、すでに徳川軍は国分村に着陣していた。徳川方の進軍が予想以上に早かったのである。

又兵衛は後続の毛利勝永、幸村らの到着を待たずに開戦せざるを得ず、大奮戦の末、壮絶な討死を遂げた。遅れて到着した幸村隊は伊達政宗隊と激突し、戦いを有利に進めたものの、大坂城から「若江合戦で味方が壊滅。退却せよ」と命令が伝えられたため、幸村隊は殿《しんがり》をつとめて引き揚げ、茶臼山（現・天王寺公園内）に着陣した。

✣幸村の最期——天王寺口合戦

幸村のいる茶臼山の東隣の四天王寺には、毛利勝永が布陣した。二人は綿密に作戦を立てた。

五月七日、天王寺口合戦が毛利隊と本多忠朝《ただとも》隊の激突で始まった。毛利隊は非常に強く、本多隊は壊滅し、忠朝は討死した。本多隊の後ろにいた小笠原秀政（信濃・松本城主）隊も壊滅し、秀政と嫡男の忠脩《ただなが》が討死した。

この時、家康軍は小笠原隊の後方を進軍中であった。徳川諸隊は毛利隊の猛攻から家康を守るために動いた。その結果、真田隊の前方が手薄になったので、その間隙《かんげき》を衝き、真田隊は家康本陣に三度にわたって突撃を繰り返したのである。

幸村は家康をあと一歩まで追い詰めたものの、最期は松平忠直隊の足軽頭、西尾久作に討たれた。

幸村の戦いぶりを、『山下秘録』は「異国不知、日本ニハタメシナキ勇士也。フシキ成ル弓取ナリ」、『薩藩旧記』は「真田日本一之兵、いにしへよりの物語ニも無之由」と記し、細川忠興も書状で「古今無之大手柄」と大絶賛している。

✣豊臣にも勝機のあった大坂の陣

大坂の陣は、最初から豊臣家の負けが決まっていたかのように思われているが、当時の史料を見る限り、豊臣方にも十分勝機があった。

たしかに数の上では徳川軍が圧倒的であったが、その大軍は徳川家康というカリスマによって支えられているにすぎなかった。万一、家康が討死したり病没したりすれば、徳川に味方する諸大名は雪崩《なだれ》を打って豊臣方に寝返る可能性を秘めていた。

ヨーロッパの宣教師たちも大坂の陣に注目し、「家康は〝人望のない秀忠では勝てない〟と知っていたから高齢をおして戦場に出た」と記している。

幸村は死に場所を求めて大坂城に入ったのではない。家康一人の首を取れば形勢逆転が可能であった。それがわかっていたからこそ、幸村は繰り返し家康本陣に突入し、最後まで勝利を諦めず、懸命に戦ったのである。

第15章 大阪府下における大坂の陣・真田幸村関係伝承地

天下分け目の関ヶ原合戦で石田三成方西軍に与《くみ》した真田幸村（信繁）は、東軍に属し活躍した兄信幸（信之）の助命嘆願によって死罪は免れ、父昌幸とともに紀州高野山麓の九度山村で幽閉生活を送ることとなった。父昌幸は慶長十六年（一六一一）六月四日、この配所で六十五歳の生涯を終えたが、それから三年、幸村は太閤秀吉の遺児豊臣秀頼の要請に応じ、紀伊国主浅野長晟《ながあきら》の監視の目を盗んで、慶長十九年（一六一四）十月九日に九度山を脱出、勇躍大坂入城を果たした。

秀頼は当座の音物として黄金二百枚・銀三十貫を贈り、幸村を迎えた（『駿府記』慶長十九年十月十四日条）。天正十三年（一五八五）の神川《かんがわ》合戦（第一次上田合戦）と関ヶ原合戦（第二次上田合戦）の二度にわたって徳川軍を翻弄してみせた真田勢の参戦は、豊臣方の士気を否《いや》が応《おう》でも高めたに違いない。

果たして幸村率いる真田軍は、大坂冬の陣では、幸村自ら築いた真田出丸の攻防戦で、前田利常・井伊直孝・松平忠直・藤堂高虎ら徳川方の錚々《そうそう》たる武将率いる軍勢を散々な目に遭わせ、翌年の夏の陣では、幾重《いくえ》にも張りめぐらされた徳川方の布陣を突破して家康本陣に突撃、金扇の大馬印を倒して家康の心胆《しんたん》を寒からしめ、「異国不知、日本ニハタメシスクナキ勇士也」（『山下秘録』）、「真田日本一之兵、いにしへよりの物語ニも無之由」（『薩藩旧記』）などと絶賛された。

大活躍・大奮闘をみせた幸村ではあったが、戦いは豊臣方に利あらず、慶長二十年（元和元年、一六一五）五月七日、幸村は四十九歳の生涯を終え、翌日には淀殿・秀頼母子も自害して豊臣家は滅亡した。

大坂落城から四百年あまり、大阪府下には今なお、大坂の陣における〝智将〟幸村の活躍ぶりを伝える伝承地が数多く遺されている。本章では、虚実綯《な》い交《ま》ぜのそうした伝承地をいくつか紹介する。

✣三光神社（大阪市天王寺区玉造本町）

三光神社境内の「真田の抜け穴」

境内は真田出丸の故地であると言い、幸村が城中との連絡のため掘ったという〝真田の抜け穴〟と称される横穴があり、その入口脇には鹿角《かづの》の兜をかぶり采配をふるう真田幸村の銅像が昭和六十二年（一九八七）に建てられた。けれど実は、三光《さんこう》神社の鎮座する丘は「宰相山《さいしょうやま》」と呼ばれ、真田出丸に対峙した徳川方の加賀宰相前田利常が陣を布《し》いたところであった。

今では三光神社のもの一つになってしまったが、戦前まで大阪市内には、中央区玉造の越中井《えっちゅうい》、天王寺区小橋町の産湯《うぶゆ》稲荷、同区茶臼山町の堀越神社、同区逢阪の一心寺、同区夕陽丘町の大江神社、同区上本町の旧大阪外国語大学東側、同区六万体町《ろくまんたいちょう》、阿倍野区阿倍野元町の阿倍王子神社、都島区中野町の桜宮《さくらのみや》、城東区諏訪の諏訪神社、鶴見区放出東の阿遅速雄《あちはやお》神社など、〝真田の抜け穴〟は数多く存在した。昭和六年（一九三一）発行の『大阪府史蹟名勝天然記念物』第五冊は、それらのうち産湯稲荷境内のものについて、

北面に真田の抜穴と称するものあり。全長五十余間ありしが、明治十八年の洪水に中間陥没して今全通せず。入口も扉を設けて堅く閉せり。

と記している。

また大正五年（一九一六）発行の『大日本寺院総覧』は、六万体町の「月江寺《げっこうじ》」の項で、

東門外の空壕は天王寺の城墟にして、天正年中、佐久間信盛の拠守せし所といふ。世に真田の抜道と称せり。

と記し、織田信長が大坂（石山）本願寺との石山合戦に際して築かせた天王寺城の空堀の跡が〝真田の抜け穴〟と誤り伝えられた、との見解を採っている。

大坂冬の陣の際、この六万体町付近には藤堂高虎が布陣したが、その藤堂家で明和六年（一七六九）に現地調査を踏まえて著わされた『元和先鋒録』（藤堂高文著）では、この〝真田の抜け穴〟について、次のように記述している。

真田左衛門合戦の様子、奇怪の説多く候。此日初は茶臼山へ出、夫より平野口において伏兵を引廻し又岡山に出て戦ひ、後に天王寺表において討死す。其往来抜け道の跡、只今に相残り候旨、実しかに書記候。今按、去年城攻之節、寄衆諸大名衆、小屋を天王寺・国分寺辺に構へ人数番替りに城際へ相詰、竹策付け申候。右往来の道、入形の法を以、地を堀、土を揚、城内より不見様に仕寄道と称し候儀、兵家にては常之事には御座候へ共、数十年の相残りたる跡を見て合点不参候に付、抜け道抔と御取合、誤を伝候儀と相考申候。

要するに、冬の陣のおり徳川方の掘った「仕寄道《しよりみち》」を、兵法など知らぬ庶民が〝真田の抜け穴〟と称し、誤り伝えているというのである。

冬の陣の際、徳川方が大坂城本丸地下までトンネルを掘り、そこに大量の火薬をしかけて城を丸ごと吹っ飛ばしてしまおうというもぐら戦術の大デモンストレーションを行ったことはよく知られている。徳川方の前田家陣所跡である三光神社境内の〝真田の抜け穴〟も、実際にはそのもぐら戦術のトンネルの跡ではないか、という考えが有力である。

また『浪花の梅』が産湯稲荷について「西小橋村に産湯の清水あり。此辺りに稲荷の社あり。狐の穴もあり」、三光神社について「真田山の稲荷の社の後に穴有。宝永年中にさまざまの御利生有しとぞ」と記し、『摂津名所図会』も「嬪山稲荷祠《ひめやまいなりのやしろ》」（三光神社）の項で「この丘にも狐穴多し。また奇なり」とあることから、「狐の穴」が〝真田の抜け穴〟に化けたとする見解もある。いずれにせよ、『元和先鋒録』の著わされた明和六年（一七六九）段階ですでに〝真田の抜け穴〟が語られていたことは注目に値する。

✣円珠庵（大阪市天王寺区空清町）

『万葉代匠記』を著わしたことで知られる契沖が隠棲した寺院で、境内ならびに契沖の墓所が国指定史跡となっている。

当庵境内も真田出丸の故地といわれ、幸村ゆかりとされる鎌八幡《かまはちまん》が存在する。

大正十一年（一九二二）刊行の井上正雄著『大阪府全志』巻之二「円珠庵《えんじゅあん》」の項は、この鎌八幡について、

而して境内西南隅に古榎あり、樹下に八幡宮を祀り、俗に鎌八幡と呼べり。伝へいふ、昔真田幸村来りて戦勝を祈り、自ら鎌を樹幹に打込みて屢《しばしば》勝利を得たりと。爾後之に祈る者は鎌を打込むを慣例とし、今は樹幹鎌を以て充たされたるも枝葉は益々繁茂せり。

と記している。幸村が榎の大木に鎌を打ち込んで戦勝祈願をし、しばしば勝利を得たことから、人々もこれにならって榎の木に鎌を打ち込み、祈願をするようになったというのであるが、江戸時代の地誌・名所図会類で鎌八幡の存在は確認できない。

この鎌八幡の成立を考える上で興味深いのは、明治二十五～二十八年（一八九二～九五）にかけて著わされた『浪華百事談』の記述である。同書は「鎌八幡祠」の項を掲げ、

円珠庵の門内左りの方に、鎮主の八幡祠あり。其処に一樹ありて、小さき鎌を数しれぬ程、幹にうちこみたて、これ何の祈願をなすや知らねども、神に祈る者其願の叶ひたれば、鎌を持来りて打こむものと

ぞ。此とひとしき鎌八幡宮、紀伊国にありて、紀伊名所図会のうちにのせたり。今其鎮座の地を忘れたり。

と記している。たしかに『浪華百事談』の著者のいうとおり、『紀伊国名所図会』に「鎌八幡」の項があり、

同村（兄井村《あにい》）にあり。櫟《いちい》の大木の囲《かこい》四尋《ひろ》余なるを崇めて、直に鎌八幡と称す。奇瑞四方に著く、鎌を打ちて祈願する者、年々に盛なり。願成就すべきは、鎌樹中に入る事次第に深く、成就せざるは、打つといへども終に落つ。即社前に鎌を鬻《ひさ》ぐものあり、其鎌に大小あり。或は一挺あるひは千挺、願意に随ひて是をうつ。打つに従ひて、枝葉ます鬱葱《うっそう》として繁茂す。根本より二丈ばかりの際《あいだ》、鎌を帯ぶる事蓑《みの》の如し。奇木といふべし。

と記され、挿絵も載っている。「鎌八幡」の項のある『紀伊国名所図会』三編巻之三は天保九年（一八三八）九月の刊行で、翌年完成の『紀伊続風土記』にも鎌八幡に関する記述があり、その編者たる紀州藩儒臣仁井《にい》田好古《だよしふる》は天保六年（一八三五）三月付で「三谷荘兄居村鎌八幡記」を撰しているから、紀州の鎌八幡に本家の軍配をあげてよさそうである。

紀州の鎌八幡があった兄井村（現・和歌山県伊都郡かつらぎ町兄井）は、幸村が蟄居した九度山村にほど近い。そういう関係と、これにならった円珠庵の立地が真田出丸の旧跡と近距離にあることから、円珠庵の鎌八幡には幸村伝承が語られることになったのであろうか。いずれにせよ『浪華百事談』の段階では、未だ幸村との関係について一切記されていないことが興味深い。

✣志紀長吉神社（大阪市平野区長吉長原）

慶長二十年（元和元年、一六一五）五月六日、大坂方の勇将後藤又兵衛基次《もとつぐ》・薄田《すすきだ》隼人正《はやとのしょう》兼相《かねすけ》らが壮絶な討死を遂げた大坂夏の陣道明寺合戦で、殿《しんがり》をつとめた真田勢は伊達政宗の軍勢を迎え撃ち、大きな打撃を与え

志紀長吉神社「真田幸村休息所」石碑

て退却した。

志紀長吉《しきながよし》神社は、道明寺から平野《ひらの》方面に戻る途中に位置し、古代大和の豪族葛城《かつらぎ》氏の祖長江襲津彦命《ながえのそつびこのみこと》、同じく葛城氏ゆかりの神事代《ことしろ》主命《ぬしのみこと》の二神を祭神とする延喜式内社である。

明治三十六年（一九〇三）刊行の『大阪府誌』は当社社宝の一つに「真田幸村の旗」を挙げており、大正十一年（一九二二）刊行の井上正雄著『大阪府全志』巻之四でも「真田幸村寄附の麻地六文銭紋章旗」が社宝の一つとして記されている。

現存するこの六連銭紋軍旗について、大正十二年（一九二三）刊行の『中河内郡誌』は、「真田幸村休息所」の項を立て、

大阪の役に真田幸村戦捷を日蔭明神（志紀長吉神社）に祈願せし時、神社の馬場にて休息せりと伝ふ。此時麻地六文銭紋章旗及刀剣を当社へ寄進せり

と、その由緒を記している。

この「真田幸村休息所」は、現在も志紀長吉神社の大鳥居を越えた南側にあり、昭和五十七年（一九八二）七月、長原財産区管理委員会によって玉垣がめぐらされるなど一画が整備された。その奥まったところに大正十三年（一九二四）十一月建立の「真田幸村休息所」の石碑が存在する。

✣樋ノ尻口地蔵（大阪市平野区平野東）

✣全興寺（大阪市平野区平野本町）

中世界とともに自治都市として繁栄をきわめた平野は、周囲に濠と土塁をめぐらし、十三の木戸を設けて、摂河泉《せっかせん》各方面と通じていた。

道明寺から退却してきた真田幸村は、それらの入口の一つ、樋ノ尻口《ひのしりぐち》に地雷を仕掛け、家康の到着を待ったと伝えられる。これについて昭和六年（一九三一）刊行の『平野郷町誌』は、

本町一丁目卅一番地に地蔵堂がある。此地蔵堂について大阪夏陣の時の伝説がある。大阪方の真田幸村が此地蔵堂下に地雷火を埋めて徳川家康が来つて火を焚けば爆発する仕掛をなし、抵抗せずに引去つた。家康は平野に入り、堂内の竈《かまど》を焼かしめた。数時間で火は次第に堂下に廻つて将に地雷の爆発しようとした時に、家康は小便を催し外に出て、其間に轟然《ごうぜん》爆発した。此時藪蔭に隠れて居った幸村の兵が一時に鬨を挙げて攻めかけ家康は大敗した。家康軍敗れて樋尻橋下に逃れ隠れた。幸村追撃し来つて橋上で馬を嘶《いなな》かしめた。家康の馬之に応じたので、家康は直に南方に逃げ辰巳池の葦の中に隠れた。幸村等之を捜つたところ、不思議にも葦の葉は皆陸の方へ向つて居つたので、幸村は怪まず引上げ、家康は助かつた。此葦は片葉の葦とて名高い。以上は単に伝説のみで、信憑することは出来ぬ。

と記している。真田幸村の仕掛けた地雷の爆発で樋ノ尻口の地蔵尊は吹っ飛び、首が全興寺《せんこうじ》まで飛んだと伝えられており、その首は「首地蔵」として今も全興寺で大切に祀られている。

幸村に追われた家康が逃げ込んだと伝えられる辰巳池は、今は埋め立てられて常磐会短期大学となっているが、また別の伝承では、幸村に追われた家康が逃げ込んだのは「塩川の藪」であったと伝えられる。家康は土地の人々に助けられ、百姓姿に身をやつして肥舟《こえぶね》に乗り、平野川を通って脱出したのだという。陣後、家康はこれに感謝して塩川家に褒美を与えるとともに、家康が塩川家の藪に逃げ込んだ五月六日を「藪入り」と称して、奉公人の休日や嫁の実家への里帰りの日に定めた、とも伝えられる。

なお、樋ノ尻口地蔵の向かいには、大坂夏の陣五月七日の戦闘で深傷《ふかで》を負い、それがもとで自害し果てた

平野の樋ノ尻口地蔵

二代将軍秀忠の旗本安藤正次の墓所がある。近傍の願正寺《がんしょうじ》はその菩提寺で、正次所用と伝えられる「岩《いわ》突《つ》きの槍」が伝存する。

✣茶臼山（大阪市天王寺区茶臼山町）

大坂冬の陣の際には徳川家康が本陣を置き、夏の陣最後の決戦五月七日には真田幸村がここを本陣と定めた。

『大阪府全志』巻之二には、

降て慶長十九年冬の役に、其の十一月十八日家康は住吉より、秀忠は平野より来りて此の山上より大坂城の形勢を観望し、攻撃の部署を定めて同十二月六日家康は住吉より陣営を此の山に徙せしが、二十四日和議成るに及び即夜陣払を為せり。翌元和元年夏の役には、五月七日真田幸村此の山より東方庚申堂の前に至る間に陣を張り、大に東軍と戦ひて家康の備を撃ち、烈戦して死せり、謂ゆる茶臼山の戦是れなり。戦終りて家康は旗を山上に樹て、諸将群集して戦捷を祝せしかば、御勝山の名を為せり。

と記されている。

茶臼山に陣取る真田幸村隊（「大坂夏の陣図屏風」、部分、大阪城天守閣蔵）

四天王寺庚申堂から出陣する真田幸村の影武者穴山小助
（「大坂御合戦絵巻」、部分、群馬・杉浦家蔵、大阪城天守閣提供）

『浪華の賑ひ』が「慶長・元和の年間《ころ》、御陣営となる。これより後、当山に登ることを禁ぜらる」と記すように、江戸時代には東照神君（家康）ゆかりの聖地として禁足地とされ、歴代の大坂城代は新任の際当所を訪れ、敬意を表したと伝えられる。

✣安居神社（大阪市天王寺区逢阪）

徳川家康本陣に突撃を繰り返し、金扇の大馬印を突き崩してみせるなど、大奮戦した幸村ではあったが、さすがに力尽き果て、討死を遂げることとなる。幸村最期の様子を『慶長見聞書』は次のように伝えている。

真田ハ其後数度相戦、味方敗軍いたし候間、本道ニ而二町計わき田の畔に腰をかけ、主従三人休居、下人ニ薬なとあたへ罷有候処に、越前之足軽頭西尾久作後号仁左衛門と申者、足軽を召連押懸打取申候、

この真田幸村最期の地について、『大坂御陣覚書』は、

越前勢一万余、吉田修理先掛にて、黒煙をけたて茶臼山へ懸り候ニ付、茶臼山より庚申堂まで備たる真田か勢一刄も合す押立られ、右往左往ニ崩行、真田左衛門佐も、安居の天神乃下へ押立られ、城へ掛入らんと仕候を、越前勢追かけ、西尾仁左衛門に被討候、

と、安居神社付近であったと記している。もっともこの西尾仁左衛門の討ち取った首級《しゅきゅう》については、「西尾打捕所首影武者二人ノ内聖月宇右衛門也」（『真武内伝追加』）とする異説もあったようである。

それはともかく、江戸時代の地誌・名所図会類の安居《やすい》神社の項では、幸村に関しては一切触れられておらず、明治三十六年（一九〇三）発行の『大阪府誌』第五編の「安井天満宮」の項にもこれに関する記載は見られないが、大正十一年（一九二二）発行の井上正雄著『大阪府全志』巻之二で「又真田幸村戦死の蹟とて尺余の石に『さなだの松』と記せり」という記述が現れ、昭和六年（一九三一）発行の『大阪府史蹟名勝天然記念物』第五冊では、「安井天満宮」の項で、

境内は元和の役に大阪方の名将真田幸村の戦死せし所なるも、今的確に其場処を指示するに由なし。

と記している。

現在当社境内には、大正八年（一九一九）八月建立の「真田幸村戦死跡之碑」と「さなだ松」の石碑、また南側逢坂《おうさか》に沿ったところに大正九年（一九二〇）大阪府が建てた「元和元年五月七日　真田幸村戦歿地」の碑

がある。

ちなみに「さなだ松」とは、幸村が最後、この松の下で討死したと伝承するもので、初代が枯死したため、現在は二代目のそれとなっている。

安居神社「真田幸村戦死跡之碑」

✣南宗寺（大阪府堺市堺区南旅篭町東）

南宗寺《なんしゅうじ》は、〝下剋上〟の代表例として著名な戦国武将三好長慶が父元長菩提のため、大徳寺九十世大林宗套《だいりんそうとう》を開基として創立した臨済宗大徳寺派の名刹であるが、同寺境内に昭和四十二年（一九六七）九月水戸徳川家家老三木家の子孫三木啓次郎が再建した高さ二メートル余の「東照宮徳川家康墓」が存在する。

堺市長河盛安之介、国務大臣塚原俊郎、茨城県知事岩上二郎、松下電器会長松下幸之助、松下電工社長丹羽正治ら錚々たる面々の賛同を得て再興されたもので、脇に立つ「再興由緒碑」にはその由来が次のように記されている。

堺の名刹南宗寺境内に座雲亭と称する鐘楼が伝統を包んだ静かな環境の中に毅然と気品ある構を見せている。その前に山岡鉄舟の筆になる質素な墓一基が眠るが如く安置されている。徳川家康墓とある。当時より世上には一部伝えられていても、広く大方には秘密同様になっていた。此処が大将軍徳川家康公終焉の地であることは、有力な史家が保証するところで、又それを物語る文献遺物も幾多残されている。

（以下略）

原文はかなりの長文なので冒頭部分以外は省略することとするが、近年のもので、昭和六十三年（一九八八）に学習研究社が発行した『歴史群像シリーズ7　真田戦記』で、歴史研究家鬼塚五十一氏が「夏の陣以降の家康は影武者？」という記事を書かれ、この家康墓碑を紹介しておられるので、次にその一部を引用してみる。

つまり家康は、大坂城落城の前日の元和元年（一六一五）五月、家康が二度も自害を決意したという真田幸村の赤備軍団の猛攻を受けて、カゴで逃げる途中、カゴの外から槍で刺され、虫の息になって堺までたどり着き、南宗寺に来た時にはすでにこと切れていたというのだ。

ここでは、家康の死因を夏の陣最後の決戦五月七日の真田隊による猛攻と関連づけて語られているのであるが、大正十一年（一九二二）発行の『大阪府全志』巻之五や昭和六年（一九三一）発行の『大阪府史蹟名勝天然記念物』第五冊に記すところはこれとは少し違う。少々長くなるが、前者から関連部分を引用してみる。

本堂と庫裏の間に東照宮の廟あり、其の傍にあるは照堂にして即ち開山堂なり。堂の床下に無銘の塔あり、安国院無銘塔といふ、是れなん疑問の塔なり。寺の旧記に依れば、元和元年大坂の役に徳川家康は摂・河両国の境なる平野に陣せしが、敵雷火を放ちて之を襲ふ、謂ゆる平野の焼打是れなり。家康僅に免れて葬輿に乗じ、遁れて和泉の半田寺山《はんだいじやま》（蕀池《とげいけ》といふ）に至る。偶《たまたま》後藤基次の紀州より帰り来れるに会す。基次之を認め怪みて其の輿《こし》を刺す、彦左衛門驚きて其の槍を斫《き》る、基次顧ずして去る。而して之が為め家康は創を負ひて終に起たず、侍臣密に遺骸を携へて当寺に来り、第二世本光禅師に請ひて之を照堂の下に斂《おさ》む、時に元和元年四月二十七日なり（難波戦記及び真田三代記には家康の遺難を五月四日とす）。戦役平定の後之を駿州久能山に改葬すと。一説にはいふ、元和元年五月大坂夏の陣に家康は城兵の乱射せる銃丸に中《あた》り、其の創《きず》を以て薨《こう》ぜしかば、堺の町人海部屋初め七名（糸割符連中《いとわっぷれんじゅう》）に密旨を下し、南宗寺住職に命じて密に其の遺骸を此に葬り、上に紫雲石を安置せしも、当時之を知るものなく、唯石を祀ること神の如くなりしが、後七人の町人より幕府に願ひて其の石を日光廟に奉納することを許され、七人之を護衛して日光に赴きしは、実は家康の遺骸を改葬せしなり。此の秘密の功労あるを以て、七人の糸割符商は爾後毎年正月交る〴〵参府謁見の上、即日日光に詣し、三家三卿の外に許されざりし内殿拝を特許せられし例規ありしと。（以下略）

ここに明らかなように、本書刊行の大正十一年（一九二二）の時点では、家康の死の原因は、後藤基次に受けた傷と語られていたのであり、死去の日も五月七日ではなく四月二十七日とされていた。これとは別の、家康の死を五月とする一説も紹介されているが、そこでも死因は「城兵の乱射せる銃丸」に家康が当たったことと語られており、幸村の名は一切出てこないのである。

家康の死と幸村の関係については、大阪の名講釈師三代目旭堂南陵《きょくどうなんりょう》さんが、

家康は夏の陣の最後の決戦の日である元和元年五月七日に、平野で真田幸村の奇襲にあい、命からがら泉州の半田寺山《はんだいじやま》（現・大阪府堺市中区八田寺町《はんだいじちょう》、大鳥大社の東方）まで逃げのびた。しかし、運悪くここで後藤又兵衛に出会い、又兵衛の槍につかれて瀕死の重傷をうけた。そのあと供の者に助けられて堺の南宗寺へかつぎ込まれたが、その傷のためとうとうここで落命した。

と語っておられた、ということである。この南陵さんの講談の基本的な状況設定は先に紹介した『大阪府全誌』の記述と同じであるが、日にちが五月七日最後の決戦の日となっていること、真田幸村の名が出てくることなど、かなり鬼塚氏の記述に近づいていることがわかる。もちろん五月七日となると、すでに後藤基次は前日戦死していてこの世になく、それはそれで辻褄が合わなくなるのであるが……。

南宗寺「東照宮徳川家康墓」

　さて、先に紹介した三木啓次郎氏による家康墓「再興由緒碑」では、再興される以前の墓碑を「その（座雲亭の）前に山岡鉄舟の筆になる質素な墓一基が眠るが如く安置されている。徳川家康墓とある」と記されていたが、同氏による再興前、家康の墓とされていたのは『大阪府全志』にもあったように「安国院無銘塔」と呼ばれた、南宗寺開山堂床下の無銘の卵塔《らんとう》で、昭和五年（一九三〇）発行の『堺市史』第三巻には当時の写真も掲載されている。卵塔は無縫《むほう》塔《とう》とも呼ばれ、一般に禅宗の高僧の墓塔などに採用される形式である。南宗寺のそれの場合も開山堂床下に祀られていたわけであるから、同寺開山大林宗套の墓塔と考えるのが自然であろう。

　そもそも大坂夏の陣で本当の家康は亡くなり、その後の家康は影武者だったというのはまったくもって荒唐無稽の妄説で、『堺市史』も「今日では一般に史実の穿鑿《せんさく》からもはや其是非を論ずる迄もない事と看做されてゐる」と断じている。そしてそうした伝承の生じた背景として、同書は「孤立無援の悲惨な大阪方の運命に対する同情と、狡獪《こうかい》冷酷を極めた家康に対する反感とが、斯《かか》る説話を生み出して、民衆自らの不快を慰めんとした」ためであろうと分析している。

　ところで筆者は、平成八年（一九九六）に初めて日光東照宮に参拝し、そのおり同宮宝物館も見学したが、そこには夏の陣のおり家康が用いたという網代駕籠《あじろかご》が展示されていた。そして何とその屋根には槍の貫通した穴がぽっかりと開いていたのである。

家康が夏の陣で戦死したなどというのは後世のつくり話——とわかってはいても、こうしたものを見てしまうと、またぞろ「やっぱり家康は……」という妄想が頭の中を駆けめぐってしまうのは、大阪に生まれ育った筆者の悲しい性《さが》である。

✣来迎寺（大阪府松原市丹南）

丹南は、徳川家康十六将の一人に数えられた高木主水助清秀《もんどのすけきよひで》の子主水正正次《もんどのしょうまさつぐ》を祖とする高木家一万石の陣屋が置かれたところである。当地の来迎寺《らいごうじ》は、平野・大念仏寺を総本山とする融通念仏宗の、かつては中本山だった寺院で、藩主高木家の菩提寺でもある。

来迎寺の付近一帯は、大坂夏の陣に際して真田幸村隊によって焼き払われ、この時来迎寺も焼亡した。幸いにも本尊だけが持ち出されて難を逃れ、持ち出した人が同村の旧家松川家の柿の木を目当てに戻って来、本堂再建までは松川家に来迎寺本尊が安置されていた、と伝えられる。

譜代大名高木家のお膝元丹南では、真田幸村が村や寺を焼いた悪役として語られている点が、たいへん興味深い。

なお当寺には、大坂夏の陣で真田隊と激突した藩祖高木正次が分捕ったという、幸村所用の六連銭紋塗桶ならびに馬杓《ばしゃく》が伝存している。

以上、真田幸村関係の伝承地九ヶ所について紹介してきた。伝承の形成過程まで踏み込んで考察したものもあれば、ただ単に伝承地ならびに伝承内容の紹介にとどめたところもある。

大阪府下には、これら以外にも大坂冬の陣・夏の陣に関する史跡・伝承地がたくさんある。筆者はそれらの調査を終えており、いずれそうした大坂の陣関連史跡が、いつ、何を契機に、誰によって顕彰されだすのか、またそれらにまつわる伝承についても、いつ頃、どのようにして形成されてくるのか、その背景・時代的要請も含めて考えてみたいと思っている。本章は、それに向けての小さな第一歩である。

〈参考文献〉
岡本良一『大坂冬の陣夏の陣』創元社、一九七二年
岡本良一「堺にある家康の墓」「真田の抜穴」「大阪城秘話　抜け穴物語」（いずれも『岡本良一史論集　上巻　秀吉と大坂城』清文堂出版、一九九〇年）
加藤政一「大阪城異聞　真田の抜け穴」（『大阪春秋』三四号、一九八二年）
高藤晴俊「東照公ゆかりの地を訪ねて——泉州堺・南宗寺」（『全国東照宮連合会々報』三三号、一九九八年）
錦織啓聞き書き『ひらののオモロイはなし』平野の町づくりを考える会、一九八九年
平野の町づくりを考える会編『おもろいで平野——写真で見る大阪平野今昔』和泉書院、一九九五年
松原市郷土史研究会編『松原市の史蹟』松原市教育委員会、一九七三年

第16章 播磨の豪将・後藤又兵衛

南山田城跡（姫路市山田町南山田）

✣後藤又兵衛の大坂城入城

後藤又兵衛（一五六〇?～一六一五）は播磨の出身で、父新右衛門は南山田城主（姫路市山田町南山田）であったと伝えられる。早くに父を亡くした又兵衛は、黒田官兵衛（孝高《よしたか》）のもとでわが子同然に養育され、やがて黒田家の重臣となる。関ヶ原合戦の後、黒田長政が筑前・福岡の太守《たいしゅ》になると、又兵衛は領内の大隈《おおくま》（現・福岡県嘉麻市）で一万石を領する大名級の重臣となった。ところが慶長十一年（一六〇六）、又兵衛は主君長政と不和になって黒田家を出奔し、筑前国を脱出して故郷播磨に戻った。そして慶長十九年（一六一四）、大坂冬の陣を迎えることとなる。

慶長十九年（一六一四）七月、京都・東山では豊臣秀頼が再興を進めていた大仏殿（のちの方広寺）の竣工が間近に迫っていたが、その大仏殿の大鐘に刻まれた「国家安康」「君臣豊楽」という銘文について、これは豊臣家の繁栄を願い、家康を呪詛《じゅそ》する文言であると、徳川家康が難癖《なんくせ》を付けた。豊臣家では家老の片桐且元を駿府に派遣して弁明につとめたが、豊臣家の主張は容れられず、徳川幕府が秀頼の国替えや淀殿の江戸下向などを強硬に要求したため、結局豊臣と徳川は決裂し、同年十月一日、家康が諸大名に大坂攻めを命じて、大坂冬の陣が勃発した。

それから四日後の十月五日、『駿府記』は次のように記している。『駿府記』は徳川家康の側近くに仕えた者が家康の動向を中心に記した日記で、著者は定かではない。

十月五日、京都伊賀守飛脚到来。大坂の体《てい》、弥《いよいよ》城郭を構え、諸牢人拘《かか》え置き、籠城支度の由註進云々。

「京都伊賀守」とは、当時京都所司代の任にあった板倉勝重である。このころ徳川幕府では将軍秀忠の居城である江戸城に老中がいて、大御所家康の居城駿府城にも老中がいて、幕政を担当していた。彼らが今でいう大臣にあたる。この老中と同じ大臣クラスの要職として、京都に京都所司代がいた。京都所司代は朝廷との交渉役をつとめるのが主な任務であった。豊臣家が滅び、幕府によって大坂城が再築されると、大坂城代という役職が設けられ、西国三十三ヶ国を支配することとなったが、この時点ではまだ大坂城に豊臣秀頼が健在で、大坂城代はいなかったので、京都所司代が徳川幕府における上方で唯一の大臣クラスの役職であった。その京都所司代の板倉勝重から家康のもとに大坂城の様子が飛脚で知らされてきたわけで、「大坂城では城の防御をより一層強固にして、たくさんの浪人を抱え置いて籠城支度を進めている」と記されていた。

それから六日後の十月十一日条にはこのように記されている。

十一日、(中略)申刻にいたり田中着御。板倉伊賀守飛脚到来。大坂の体《てい》 弥《いよいよ》籠城支度。その意趣は金銀多く取り出し、大坂近辺八木《はちぼく》を買い込み、武具以下城中入れ置き、総構《そうがまえ》壁を付け、番匠《ばんじょう》数百人櫓《やぐら》・井籠《せいろう》の支度の由。

「家康公は田中（現・静岡県藤枝市田中）まで到着され、そこにも板倉勝重の手紙が届けられた。大坂城ではさらに籠城支度を進めている。大坂城の蔵には豊臣秀吉以来蓄えた莫大な金銀財宝があるので、それらを取り出して、大坂近辺の八木《はちぼく》を兵糧米として買い込んでいる。武器もたくさん購入して大坂城中に運び込み、惣構《そうがまえ》にはすべて壁を建て連ねている。番匠が数百人働き、櫓や井楼《せいろう》（材木を井桁に組んだ物見櫓）を随所に建て、籠城支度を進めている」。「八木」とは「米」を二字に分割した表現である。

豊臣時代の大坂城は、本丸・二之丸・三之丸・惣構という四重構造の巨大城郭で、一番外側の曲輪《くるわ》を惣構と呼ぶ。惣構の周囲の堀が「惣堀《そうぼり》」で、大坂冬の陣が始まるまでは単に土塁がめぐらされているだけであった。土塁だけでは防御力不足なので、そこに銃眼などを備えた城壁を建てたというわけである。また「番匠」というのは、偉い大工のことで、そのもとで下働きする人がたくさんいた。大坂城では大勢の大工が徳川との戦に備えて働いていたことがわかる。

続く十月十二日条には次のようにある。

十二日、申刻遠州懸河《かけがわ》着御。（中略）京都より伊賀守飛脚到来。去る六日七日、京都諸牢人の内、長曽我部宮内少輔、後藤又兵衛、仙石豊前守、明石掃部助、松浦弥左衛門、そのほか名も知らざる牢人千余人、金銀を出し籠城抱え置く。

「家康公はさらに大坂城に向かって進み、今日は掛川城に入られた。この日も板倉勝重から飛脚が到着した。十月六日・七日に、元は土佐一国の太守であった長宗《ちょうそ》我部《かべ》宮内少輔《くないしょうゆう》盛親《もりちか》、そして黒田長政の家老であった後藤又兵衛基次《もとつぐ》、小諸城主仙石秀久の次男仙石宗也《せんごくそうや》、宇喜多秀家の家老であった明石掃部《かもん》らが大坂城に入った」。

東西手切れから五日後、いよいよ大物たちの大坂城入城が始まったわけである。

続いて十月十四日条。

十四日、(中略)午刻浜松着御。京都板倉伊賀守飛脚到来。其状に云はく、大坂の体《てい》相替わる儀これなしといえども、諸牢人弥《いよいよ》多く抱え置かるる由、別紙註文《ちゅうもん》これを捧ぐ。真田源三郎□□、是は先年関ヶ原御陣の時、御敵として御勘気を蒙り、数年高野山に引き籠る。秀頼当座の音物《いんもつ》として、黄金弐百枚、銀卅貫目これを遣し、大坂に籠城。

「家康公はさらに進んで浜松城に到着された。この日もまた板倉勝重から飛脚で手紙が届けられた」とあり、その手紙には「大坂城ではさらに籠城の支度を進めていて諸浪人をどんどん抱えている」と書かれていた。手紙には浪人衆のリストが付けられており、その筆頭に「真田源三郎」の名前があった。真田幸村(信繁)の入城は後藤又兵衛より若干遅れたことがわかる。「源三郎」とあるが、本来ここは「源次郎」でなければならない。けれども、真田兄弟は兄の信之が「源三郎」、弟の幸村が「源次郎」で、名乗りが逆転しているため、家康の側近さえも勘違いしているのである。

先に後藤又兵衛や長宗我部盛親が入城したときは「金銀をたくさん取り出して抱え置いた」とあっただけで、具体的な金額は記されていなかったが、幸村については、大坂城入城にあたり当座の支度金として秀頼が「黄金二百枚、銀三十貫目」を与えたと書かれている。金一両を現在の三十万円、銀一匁を五千円くらいとすると、幸村への当座の支度金はおよそ七億五千万円という莫大な金額だったことがわかる。幸村一人に対して、しかも当座の支度金だけでこれだけであるから、改めて豊臣家の財力に驚かざるを得ない。もちろん後藤又兵衛や長宗我部盛親にも、これに匹敵するような額が支払われたと考えられる。

✣幕府からの執拗な勧誘工作

後藤又兵衛がいかに大物であったかということは、幕府から又兵衛への勧誘工作をみるとはっきりわかる。真田幸村に対しては大坂城に入る前や、入った直後に勧誘工作がなされた形跡はない。幸村が勧誘工作を受けるのは、真田丸の攻防戦で徳川方の主力相手に圧勝した一週間後、慶長十九年（一六一四）十二月十一日のことである。しかし後藤又兵衛については、非常に早い段階から勧誘工作が行われたことがわかっている。

大坂冬の陣が勃発したのは同年十月一日であるが、家康はもっと早くから着々と大坂攻めの準備を進めていた。大坂夏の陣後のことであるが、幕府は諸大名に豊臣方の残党狩りを命じた。その際、幕府はそれぞれの大名領内から慶長十八年（一六一三）以降に大坂城に入った者のリストを作成し、提出するよう命じている。幕府は大坂城に籠城した連中を「古参」と「新参」に分けた。古参はもともとの豊臣家家臣であり、主君に忠義を尽くしただけであるから、罪は軽く、新参は徳川幕府と戦うために大坂城に入城したので、罪はきわめて重い、とした。では、その新参と古参はどこで分かれるのかというと、慶長十八年（一六一三）以降に大坂城に入ったものが新参だというのである。つまり、徳川幕府は慶長十八年（一六一三）を大坂の陣の起点とみなしていたということになる。

徳川幕府は慶長十九年（一六一四）二月の時点で一生懸命に後藤又兵衛を黒田家に帰参させようと努力していたことが、次の（慶長十九年）二月十二日付、後藤又兵衛宛の滝川忠征《ただゆき》・三好房一《ふさかず》連署状からわかる。姫路の芥田《あくた》家に伝わる文書で、これまではいつのものかわからなかったが、平成二十六年（二〇一四）に大阪城天守閣で大坂の陣四百年記念特別展『浪人たちの大坂の陣』を開催したおりに検討した結果、文書の中身やかかわっている人物の動向などから、慶長十九年（一六一四）、まさに大坂冬の陣が起こる年のものと特定することができた。

（前略）去年筑前殿へ貴殿御存分の通り申し入れ、その案書もこれを進《ま》いらせ置き候キ。思し召さるる通り、何も御存分の如く相済み、筑州より此の如く一ツ書中を以て仰せ越され候。本書これを委ぬべく候へ共、此書状相届くべくも存ぜず候間、先ず写これを進らせ候、
一、貴殿の御事、帯刀殿・隼人殿御用意に安対馬殿御肝煎《きもいり》候間、拙者式よりの書状も対馬殿より相届けあるべしと丹後に仰せ談ぜられ候。定て対馬殿より書状これを進らせられ候。菟角《とかく》帯刀殿・隼人殿・対馬殿へ御まかせ候て尤もに存じ候。
此書状参着候はば、急度御返事まち申し候。遅く候共四月中は相抱え、御報相待ち申すべく候。もし右之日限相過ぎ、五月朔日には筑州へ貴殿御同心なき通り申し放ち、両人御使をやめ申し候。此旨帯刀殿・隼人殿も仰せられ候。恐惶謹言。

二月十二日

滝川豊前
忠征（花押）
三好丹後
□□（花押）

後藤又兵衛様

滝川忠征と三好房一という二人の幕府旗本が後藤又兵衛に宛てた手紙である。又兵衛は黒田家を出奔した後、播磨に戻って姫路城主池田輝政に仕えたが、輝政没後、息子の利隆の代になると、黒田長政から「奉公《ほうこう》構《がまえ》」が入った。「奉公構」とは、旧主家から新たな仕官先に仕官差し止めの要求がなされることをいい、この「奉公構」のクレームが付けられると、仕官先で当該人物を抱えることは許されないというのが、当時の武家社会のルールであった。そのため又兵衛は池田家から召し放たれて、再び浪人になった。そのころに又兵衛

は姫路城下の芥田家で厄介《やっかい》になっていたらしく、それでこの又兵衛宛の手紙が芥田家に残ったと考えられる。芥田家は播磨一国の鋳物師《いもじ》を束ねた頭領（惣官職）を世襲した家柄で、冬の陣勃発のきっかけとなった京都・東山の大仏殿の大鐘鋳造にも携わった。

滝川と三好はこの手紙に、「筑前殿（黒田長政）にあなた様（後藤又兵衛）の言い分を伝えました。あなたの希望どおりにすべてのことが決着いたしました。それについて筑前殿から書状も届きました。その手紙をそのまま届けたらよいのですが、うまく届かず、紛失の恐れもあるので、まずは写《うつし》をつくって送ります」と記している。滝川と三好という幕府の旗本二人が黒田長政と後藤又兵衛の間に立って調整していることがわかる。

そして、「あなたのことは、帯刀殿《たてわき》（安藤帯刀直次《なおつぐ》。徳川家康付きの老中。のち紀伊徳川家の付家老となり、田辺城主）と隼人殿《はやと》（成瀬隼人正正成《はやとのしょうまさなり》。家康付きの老中。のち尾張徳川家の付家老となり、犬山城主）のはからいで、安藤対馬殿（安藤対馬守重信《しげのぶ》。安藤帯刀直次の弟で秀忠付きの老中）が世話をすることになりました。まもなく安藤対馬殿から手紙が届きますが、この件についてはとにかく安藤帯刀殿、成瀬隼人殿、安藤対馬殿にお任せになるのがよいと思います」と書いている。又兵衛と長政の問題は、家康付きの老中と秀忠付きの老中計三人が取り扱っているが、それは家康の意を承《う》けて行われていることである。又兵衛一人の処遇のためにこんなに幕府が動いているのである。

「この手紙が届いたら、必ずお返事をください。四月いっぱいまで待ちます。もし五月一日になっても返事が届かなかったら、今回の件はなかったことにさせていただきます。私たち二人も又兵衛殿と筑前殿の間の使者をするのをやめます。安藤帯刀殿と成瀬隼人殿もそのようにおっしゃっています」

ところが不測の事態が起こった。次の史料はやはり芥田家に伝わったもので、（慶長十九年）六月二十四日付、後藤又兵衛宛の滝川忠征・三好房一連署状である。返事の期限である四月末日を大幅にすぎている。

（前略）御報ながら去る二月十二日に此書状相調い、安対馬殿迄御届け候様にと申し入れ候へば、御届けあるべき手筋これなき由候て御返し故延引、所存の外に候。黒筑州より貴殿の儀覚書給わり候。最前は写を進らせ候へ共、相届かず罷り過ぎ候。此度者筑州よりの本書これを進らせ候。
安帯刀殿・成隼人殿より御状遣わされ候。筑州御書付にも貴殿御在京に相極り候間、然る上は御両殿へ御身上御任せ候て、御母儀・御息福岡へ差し越され然るべく存じ候。
筑州御書付の通り御同心に候はば、諸大名ならびに少身たりといえども間柄悪しき衆へ書状の御取かはしもこれあるまじくと御誓紙尤もに候。入らざる儀に候へ共、二月相認め候御報もこれを進らせ候。筑州書付の通りに候へば、貴殿別に仰せらるる分もこれあるまじく候条、御同心尤もに候由、隼人殿・帯刀殿も仰せられ候。此御報七月中に待ち入り申し候。豊前事越後にて相煩い去月罷り帰り候間、一紙に申し入れ候。恐々謹言。
六月廿四日
滝川豊前
忠征（花押）
三好丹後
□□（花押）
後藤又兵衛様

「二月十二日付の手紙を届けてもらうことになっていた安藤対馬殿が、あなたにお届けする手筋がないと言って手紙を返してこられたので、先の手紙があなたに届いていないことがわかりました。思いもしなかったことです」と述べ、滝川と三好はこの手紙を送ってきた。「この前の手紙には写《うつし》を添えましたが、今回は筑前殿（黒田長政）の手紙の実物を添えて出します。さらに安藤帯刀殿と成瀬隼人殿のお二人の手紙も添えます」といい、「あなたは筑前殿と顔を合わすのは気まずいでしょうから、黒田家帰参ののちも京都で気楽に暮らし、代わりにご子息とあなたのご母堂が福岡に来ればよい、ということになりました。筑前殿が提示してこられたこうした条件にあなたが同意するのであれば、今後は二度と諸大名や、筑前殿と仲の悪い武将たちとは書状を取り交わさないとの誓紙を出されるのがよいでしょう」と書いている。又兵衛が主君長政を介さず、直接他の大名たちや、長政と仲の悪い武将たちと連絡を取り合っていたことが、又兵衛と長政の不和の大きな原因であったことがわかる。そして、「二月に書いたのにそちらに届かなかった手紙も一緒に送ります。筑前殿が出してきた条件に貴殿が同意するのであれば、七月中にお返事をください。成瀬隼人殿、安藤帯刀殿も同意するのがよいとおっしゃっています」。

滝川・三好両人が添えたというのが、やはり芥田家に残る（慶長十九年）六月二十三日付、後藤又兵衛宛の安藤直次・成瀬正成連署状で、そこには次のように記されている。

一書啓せしめ候。仍って此以前より三好丹後殿・滝川豊前殿御肝煎にて、大形御存分の様に相済み候間、御帰参候て尤もに存じ候。此上御帰り候て悪しき儀は御座あるまじく候。そのため我等式書状を以て申し入れ候。恐々謹言。

六月廿三日　　　安帯刀
直次（花押）
成隼人正
正成（花押）

後藤又兵衛殿
御宿所

「三好丹後・滝川豊前の二人が奔走した結果、あなたの言い分が認められたのだから黒田家へ帰参するのがよいと思います。私たちが間に立ってきちんと話をまとめたのですから、あなたが黒田家に帰参しても、何ら都合の悪いことはないはずです」

これら芥田家に残る又兵衛宛の手紙から、後藤又兵衛を黒田家に帰参させるために幕府の老中らが両者の間に入って調整し、結果、帰参はするけれども又兵衛自身は京都にいて、福岡に来る必要はないという、大幅な譲歩を黒田長政から引き出していたことがわかる。しかし又兵衛は結局、黒田家に帰参せず、十月六日か七日に大坂城に入ったのである。

すると幕府は、又兵衛に対して思い切り手のひらを返す行動に出た。

次の史料は『毛利氏四代実録　考証論断』に収められている（慶長十九年）十一月十二日付の安藤重信と神尾守世の手紙である。宛先の「毛利宗瑞《そうずい》」は毛利輝元のことで、輝元は関ヶ原合戦で敗戦の後、頭を丸めて「宗瑞」と号していた。

追って申し上げ候。長門守殿・甲斐守殿御出陣候様にと仰せられ候間、近日御上着たるべく候。然る上は、此已前米津清右衛門預け置き申され候後藤又兵衛子の義、此方へ下さるべく候。別なる義にて御座なく候。今度又兵衛入城仕り候について、子供一所に入れ置き、又兵衛、両御所様へ後説申し上げ候様に仕るべきために御座候。御後説を申し上げさせ、御知行存分に拝領いたさせ、その上御前へ直し、御奉公人に罷り成り候様に仕るべく候間、丈夫に御請け負い成させられ仰せ聞かされ、合点においては、御慥《たしか》なる衆を相添えられ、此方へ下さるべく候。此等の趣、然るべき様に御披露なさるべく候。恐々謹言。

霜月十二日

安藤対馬守　判

神尾五兵衛　判

毛利宗瑞様人々御中

「長門守様（毛利秀就。毛利輝元の実子）と甲斐守様（毛利秀元。毛利輝元の養子）の二人に幕府から大坂攻めに出陣せよという命令が出ましたので、近日こちらにご到着ください。先年米津《よねきつ》清右衛門が預け置いた後藤又兵衛の子をこちらに送ってください。他でもありません。このたび後藤又兵衛が大坂城に入りましたので、子供を人質にとって又兵衛に両御所様（家康と秀忠）に味方するよう説得するためです」と記している。

ここには名前がないが、のちほど紹介する史料で又兵衛の子供の名前は「左門」であったことがわかる。後藤左門は三年前の慶長十六年（一六一一）に堺にいるところを幕府に捕らえられ、毛利輝元に預けられていた。続いて「又兵衛の子がこちらに来て、我々の目論見どおり又兵衛が寝返るようであれば、きちんと知行を与えて幕府に仕えてもらおうと思っている。そういうことなので、信頼できる者を添えて又兵衛の子を届けてください」と伝えている。

次の史料も『毛利氏四代実録　考証論断』に収められているもので、先ほどの安藤重信・神尾守世連署状を承けて、毛利輝元が家臣の益田元祥《もとよし》・山田元宗に宛てた（慶長十九年）十一月十七日付の手紙である。

急度申し候。後藤左門儀について、安藤対馬・神五兵よりの書状此の如くに候條、早々差し上せらるべく候。番の者の儀は、此中の如く、三上父子、井上ノ惣右衛門付け候て差し上せらるべく候。自然左門不慮の覚悟共仕り、海などへ飛び入り候はぬ様に肝要に候。左候とても、ふたし共うち候事は如何に候の條、船屋形のかこひ専一に候。勿論船中の賄《まかない》以下の儀、又料帋等、心安き様に申し付られ差し上せられ候、安対・神五兵書状の前にて、左門安堵候て罷り上り候様、申し聞かせ候事肝心に候。（中略）

十一月十七日　宗瑞公　御判

益　玄

山　吉兵

「後藤左門のことについて安藤対馬と神尾五兵衛からこのような手紙が届いた。早々に左門を上方に送るように。警護役として三上親子と井上惣右衛門を付けて送りなさい」とある。毛利領国の三田尻港（山口県防府市）から船で上方に送る計画だったのであるが、「左門が途中で海へ飛び込んで自殺でもしたらたいへんなことになるので、そのようなことにならないよう気をつけることが肝心である。とはいえ、後藤又兵衛の子であるから左門を桶や箱に詰めて蓋をしておくわけにもいかない。左門を船に乗せたら、その船屋形を厳重に見張ることが重要だ。もちろん船の中でもしっかり左門の世話をすることは必要だし、紙や筆も使えるようにしてあげなさい。幕府としては又兵衛が徳川に味方すれば領地を与えようと考えているので、その旨をきちんと説明して、左門を納得させて送ることが重要だ」。輝元は益田らにこう書き送っている。

ところが、予想外の出来事が起こってしまう。

『毛利氏四代実録　考証論断』に次のように記されている。

十一月、日未考、後藤左門又兵衛基次子、公儀ヨリ御預ケ、ハ、防州山口ニ差置カレ、三上淡路守就忠、同平兵衛尉元友、井上惣右衛門尉某等、其守衛ヲ掌リ、中間四人宛コレヲ警護ス、元ヨリ帯刀放因ナリケレハ、或夜元友カ守衛ニ当テ、其闕如ナルヲ窺知テ、居所ヲ逃出シ自尽ス、コレヲ止メントテ、護者二人

ハ深手ヲ負ヒ、二人ハ即死ス、元友ハ闕如緩怠ナルヲ以テ自殺シ、此日モ未考、其罪ヲ謝ス

先ほどの輝元の手紙にあったように左門を上方へ送るについては、三上親子（三上淡路守就忠《なりただ》と三上平兵衛尉元友）と井上惣右衛門の三人が付き添い役になり、彼ら以外に中間《ちゅうげん》四人が左門を警護することになった。左門は「帯刀放囚」、すなわち腰に刀を帯び、自由に動ける状態であった。「ある夜、三上元友が見張り役だったとき、元友がちょっと離れた隙《すき》に左門が船屋形から飛び出した。左門を捕まえようとして、警護にあたっていた中間四人のうち二人が左門に斬られて深手を負い、二人は即死した。そして左門自身は自害した」とある。毛利家は幕府から預かった大切な人質の後藤左門を、むざむざ自殺させてしまったわけである。

『毛利氏四代実録　考証論断』には（慶長十九年）十一月二十三日付の毛利家家老福原広俊の手紙も収められている。

井四郎右所への御書、昨日三田尻へ相越し拝見仕り候。御立ちの砌《みぎり》と存じ、私よりは申し上げず候へ共、扨々《さてさて》是非に及ばざる御事にて御座候。公儀へ事いかがと致す気遣い候。然れ共別條もこれなく候間、ありのままに仰せ上げらるる事にて御座あるべく候。是と申も刀を遣し申し候からの事にて御座候。せめて番衆の長わきざしをとり候て、きりまはり、そのために仕たると取沙汰候はば、然るべきかと存じ候よし。（中略）

十一月廿三日　　　　福　越後守

御申之　　　　　　　　　廣俊　判

「たいへんなことが起こってしまった。幕府にいったい何と説明したらよいのか。言い訳しても仕方ないか

らありのままに伝えるしかない。刀を持たせていたことが原因だ。刀を取り上げておいたらよかった。せめて、監視に付けていた中間の長脇差を奪ってそれで斬りまわり、その脇差で自害したとでも言い訳したらよいのではないか」。毛利家が非常に苦悩している様子がうかがえる。

このように幕府は、後藤又兵衛が大坂城に入る前は一生懸命黒田家へ帰参させようと努力した。そして又兵衛が大坂城に入城してからは、毛利家預かりになっていた息子の左門を人質にとって徳川方に寝返るよう圧力をかけようとした。結果は功を奏さなかったわけであるが、こうした執拗な勧誘工作をみると、幕府が後藤又兵衛という人物をいかに重く見ていたか、又兵衛が幕府にとっていかに警戒すべき人物であったかがよくわかる。

✣冬の陣

では、いよいよ又兵衛が大坂城に入ってからの話になるが、『落穂集』という史料の巻十三に次のような記述がある。

> その頃大坂へ諸浪人方々より寄り集り候。中にも名ある浪人と申ては、毛利豊前守勝長、長曽我部宮内少輔盛親、真田左衛門佐幸村、同大助、山口左馬助、大聖寺城主山口玄蕃次男、仙石宗也、後藤又兵衛基次、黒田甲斐守家老、明石掃部全登、浮田秀家家老、小倉佐左衛門行基、蒲生飛驒守家老、等、何れも秀頼公の招きに依って、来り集り候と也。その内にて毛利、長曽我部、真田事は、三人衆と申して、諸人尊敬仕り候由。

「大坂城にはたくさんの浪人が入り、なかには毛利勝永、長宗我部盛親、真田幸村、真田大助、山口左馬助、仙石宗也、後藤又兵衛、明石全登、小倉行基ら著名な武将もいたが、そのなかでも特に毛利勝永、長宗我部盛親、真田幸村の三人が『三人衆』と呼ばれて浪人たちから尊敬された」とある。「三人衆」は豊臣家から特別扱いを受けた。浪人衆はいずれも豊臣秀頼からの招きに応じて大坂城に入ってきたのであるが、彼らはあくまでも豊臣家から見たら新参の外様にすぎず、外様は元来、その家の意思決定には参画できない。徳川幕府の老中が譜代大名から選任されて、外様の前田や伊達、島津などがいくら大々名であろうと老中として幕府政治に参画できなかったのと同じである。しかし彼ら三人衆だけは特別に、豊臣家の意思決定の場である軍議に参加することが許されたのである。

続く箇所におもしろいことが書かれている。秀吉の築いた大坂城は難攻不落の名城と讃えられ、東・西・北は天然の要害になっていたが、南側だけは天王寺・住吉・堺へと平坦な陸地が続き、弱点になっていた。この弱点を克服すべく、「後藤又兵衛が惣構の南東隅を出たところの小さな丘陵に砦をつくろうとし、縄張《なわばり》を済ませて建物を建てるための材木も集めてあった。ところがある日、真田幸村がやって来て、又兵衛の縄張を全部捨て去り、材木も外へ運び出して、またたく間に砦を築き上げてしまった。これを聞いた又兵衛は激怒し、『たとえ秀頼公の命であったとしても、ひと言断りがあるべきだろう。なのに幸村如きがこんなことをやったのだから絶対に許せない。これから軍勢を集めて幸村と一戦を交え、明日にはあの砦を取り戻してみせる』と息巻いた」。徳川と戦わないといけないのに、あろうことか豊臣方の有力武将同士が対立し、一触即発の事態となったことに、秀頼のもとで大坂城を取り仕切っていた大野治長は困惑し、「又兵衛をなだめるため、『今後は又兵衛を三人衆と同格の扱いにする』という条件を示した。又兵衛はしぶしぶ納得し、怒りを鎮めた」というのである。

このとき又兵衛をなだめる役をつとめた明石全登も、豊臣家は又兵衛同様の扱いとした。又兵衛は黒田長政のもと大隈で一万石を領し、宇喜多秀家の家老であった明石全登はそれより多い三万三千石を領した。二人とも万石を超える大名級の武将であったが、黒田長政や宇喜多秀家の家老であったから、豊臣家から見れば大名の家臣である「陪臣《ばいしん》」にすぎなかった。でもこの一件のあと、又兵衛と明石が三人衆と同格となり、以降はこの五人が「五人衆」として豊臣家の軍議に参画することになった。

ただこの『落穂集』は、大道寺《だいどうじ》友山《ゆうざん》という兵法家が享保十三年（一七二八）にまとめたもので、大坂の陣から百年以上もあとの史料であるから、その記述をそのまま鵜呑みにしてよいのかという問題がある。

ところが、『大坂御陣覚書』という史料にも次のような記述がみられるのである。

> 大坂本城の巽に当りて、百間四方の出丸を構え、後藤又兵衛政次是にあるべき由なりしが、後藤は諸手の遊軍に仰せ付けられ候故、此丸を真田左衛門尉《ママ》請け取り籠るにより、敵味方共に、是を真田丸と云う。

「大坂城の巽（南東）の方角に出丸が築かれ、そこには最初後藤又兵衛がいた」というのである。ここに「後藤又兵衛政次《まさつぐ》」とある。又兵衛の諱《いみな》は一般に「基次」で知られるが、実は真田幸村の「幸村」と同じで「基次」という名は又兵衛在世当時の史料には出てこない。大阪府泉南郡岬町淡輪《たんのわ》に、大坂夏の陣後も生き延び、承応三年（一六五四）十一月十九日に亡くなった又兵衛の三男後藤佐太郎正方の墓があるが、そこには「又兵衛正次之子也」と刻まれている。「政」と「正」の違いはあるものの、ともに又兵衛の諱を「まさつぐ」としている。

さて、『大坂御陣覚書』の続きであるが、「又兵衛は秀頼公から、いろいろなところで戦いが起こるので各方面に遊軍に行くようにとの命令を受けて、砦から出た。代わって砦に入ったのが真田幸村で、幸村がそこにこもって大活躍したから敵味方ともにその砦を『真田丸』と呼ぶようになった」というのである。経緯は先の『落穂集』とは異なるが、いわゆる真田丸に後藤又兵衛が深くかかわったのは間違いないのではないか。一般には、天才的な武将真田幸村だからこそ、あっという間に大坂城の弱点を見抜いて真田丸を築き、徳川の大軍相手に圧勝したと思われているが、実は真田幸村だけがとびぬけた天才武将なのではなく、真田丸が築かれた丘陵は、幸村でも、又兵衛でも、そのクラスの武将であれば誰しもが砦をつくるべきだと考える場所だったということであろう。

『大坂御陣覚書』によると、又兵衛は各方面の遊軍を命ぜられたとのことであるが、実際又兵衛は冬の陣でそのとおりの活躍をみせる。慶長十九年（一六一四）十一月二十六日、大坂冬の陣最大の激戦といわれる「鴫《しぎ》野《の》・今福《いまふく》合戦」が行われた。大和川は今では大阪府柏原市からまっすぐ西に向かい、堺市で大阪湾に注ぎ込むが、これは約三百二十年前の宝永元年（一七〇四）に付け替えられた流路で、それ以前は柏原市から幾筋にも分かれて現在の八尾市や東大阪市のあたりを流れ、最終的に大坂城の北でまた一本になり、淀川（旧淀川、現在の大川）に合流していた。その大坂城の北で一本になった大和川の両岸に、鴫野と今福の集落があった。鴫野が大和川の南側、今福が北側である。鴫野と今福にはそれぞれ豊臣方の砦があり、鴫野砦には徳川方の上杉景勝、今福砦には佐竹義宣《よしのぶ》の軍勢が襲いかかり、合戦が始まった。

今福で豊臣方は砦を奪われるが、そこに駆けつけたのが木村重成である。重成はあっという間に佐竹隊を追い散らして、砦を奪い返した。その様子を大坂城の菱櫓《ひしやぐら》から豊臣秀頼が眺めていた。この戦いは重成にとって初陣である。重成の母宮内卿局《くないきょうのつぼね》は秀頼の乳母で、秀頼と重成は乳兄弟の関係にあった。秀頼は、兄弟同然に育った重成の戦いぶりをひやひやしながら眺め、絶対に重成を討死させてはならぬと言って、後藤又兵衛にすぐさま重成の援軍に行くよう命じ、又兵衛が出陣する。そして重成に「秀頼公の命を受けて援軍にやって来ました。あなたは先ほどから十分に戦われてお疲れでしょうから、私が代わりましょう」と声をかけたものの、重成は「それでは私の男が立たない」と言って戦場を譲らない。それで又兵衛は重成の援護射撃にまわった。又兵衛が加わった豊臣方はとにかく強く、ついに佐竹隊を壊滅状態にまで追い込んだ。

一方、対岸の鴫野で勝利した上杉景勝隊は、佐竹隊が壊滅寸前なのを見て、大和川を渡って今福に出張ってきた。そして上杉家執政の直江兼続が鍛え上げた上杉鉄砲隊が攻撃を開始し、その弾の一つが、又兵衛の左腕に当たった。

次の史料は徳川幕府の正史「台徳院殿御実紀」の慶長十九年（一六一四）十一月二十六日条である。

又兵衛基次が左の腕に玉一つあたりしかば。紙にて其血をゝしぬぐふ。木村疵はいかにと問に。基次は。秀頼公の御運いまだつきず。浅手なりと広言し。今日の戦これまでなりと繰引にして退く。

「又兵衛は『鉄砲は腕に当たっただけでかすり傷だ。自分の命があるかぎり秀頼公のご運は尽きない』と豪語して、引き上げていった」というのである。又兵衛の豪将ぶりがよくわかるエピソードである。冬の陣での又兵衛というと、この鴫野・今福合戦で木村重成の援軍に出て佐竹隊を壊滅させた戦いぶりに尽きると思う。

✣夏の陣・道明寺合戦

翌年の大坂夏の陣では、又兵衛は慶長二十年（元和元年、一六一五）五月六日の道明寺合戦に出陣した。次の史料は伊達家浪人で大坂城に入城した北川次郎兵衛宣勝《のぶかつ》がまとめたとされる『北川覚書』である。

則ち道明寺口先手後藤又兵衛仰せ付けられ、四月廿八日の夜に入り、大坂打ち立ち、平野に陣取り申し候。五月五日の夜、後藤又兵衛陣所に、真田左衛門佐、森豊前守参り候て、明日六日の合戦評定仕り候は、明日の夜中に国分の山を越え、三人の組付一万ずつ三万を一手に仕り、山口に備えを立て、御所様・将軍様御旗本へ平懸りに突っ懸り、富士・白山も御照覧候へ、一足も退かず、家康公御父子の御験を、我々が手に懸け候か、我等三人の首を、家康公実見にかけるか二ツ一ツ候べし、刀と槍の柄のつつく間は、命こそ限りよ、一寸も返すべからずと、三人共最後の盃をいたし、明日の一番鳥に道明寺にて出会い申すべしと暇乞い致し、各涙を流し罷り帰り申し候。

「又兵衛は道明寺合戦の先鋒を仰せ付けられ、四月二十八日の夜、先に平野郷《ひらのごう》（大阪市平野区。戦国時代には堺と並ぶ自治都市・商業都市として栄えた）まで出陣し、本陣を据えた。五月五日の夜、その又兵衛の陣所に真田幸村と毛利勝永（森豊前守。もともと森姓だったが、秀吉から、中国の覇者大毛利にあやかって毛利とせよと言われて毛利姓に改めたという）が集まって翌日の合戦の評定を行った。そのあと三人で盃を交わし、『明日は我々が家康公・秀忠公の首をあげるか、自分たち三人の首を家康公の首実検にさらすか、二つに一つだ。刀と槍の続くかぎりは一歩も退くことなく戦おう』と誓い合い、涙を流して別れ、それぞれの陣所に戻った」というのである。

大阪の天王寺駅からJR大和路線に乗って王寺・奈良方面に行くと、途中、大阪府柏原市の高井田駅と、奈良県生駒郡三郷《さんごう》町の三郷駅の間で、大和川が狭い渓谷になっている。あの場所が「亀ノ瀬渓谷」である。大坂夏の陣で徳川軍は京都から二手に分かれて大坂城を目指したが、そのうちの一つ、大和方面軍が京都から奈良を経て法隆寺、竜田、そして「亀ノ瀬越」「関屋越」と呼ばれる大和川沿いの隘路《あいろ》を通って、河内平野に出てくるわけである。いかなる大軍といえども狭い道を通る際には、細長い隊列を組んで進んでこざるを得ない。大和川が河内平野に流れ出る国分《こくぶ》村付近に豊臣方が先に陣を敷いて、進んでくる徳川軍を待ち構えて叩けば、少数の豊臣勢にも十分勝機がある。これが又兵衛・幸村・勝永の立てた作戦であった。

先鋒の後藤又兵衛が玉手山丘陵（国分の山）の西麓に到着すると、国分村周辺にはすでに、徳川方の大軍が布陣を終えていた。徳川方の進軍は又兵衛・幸村らの予想よりはるかに速かったのである（「道明寺合戦配置図

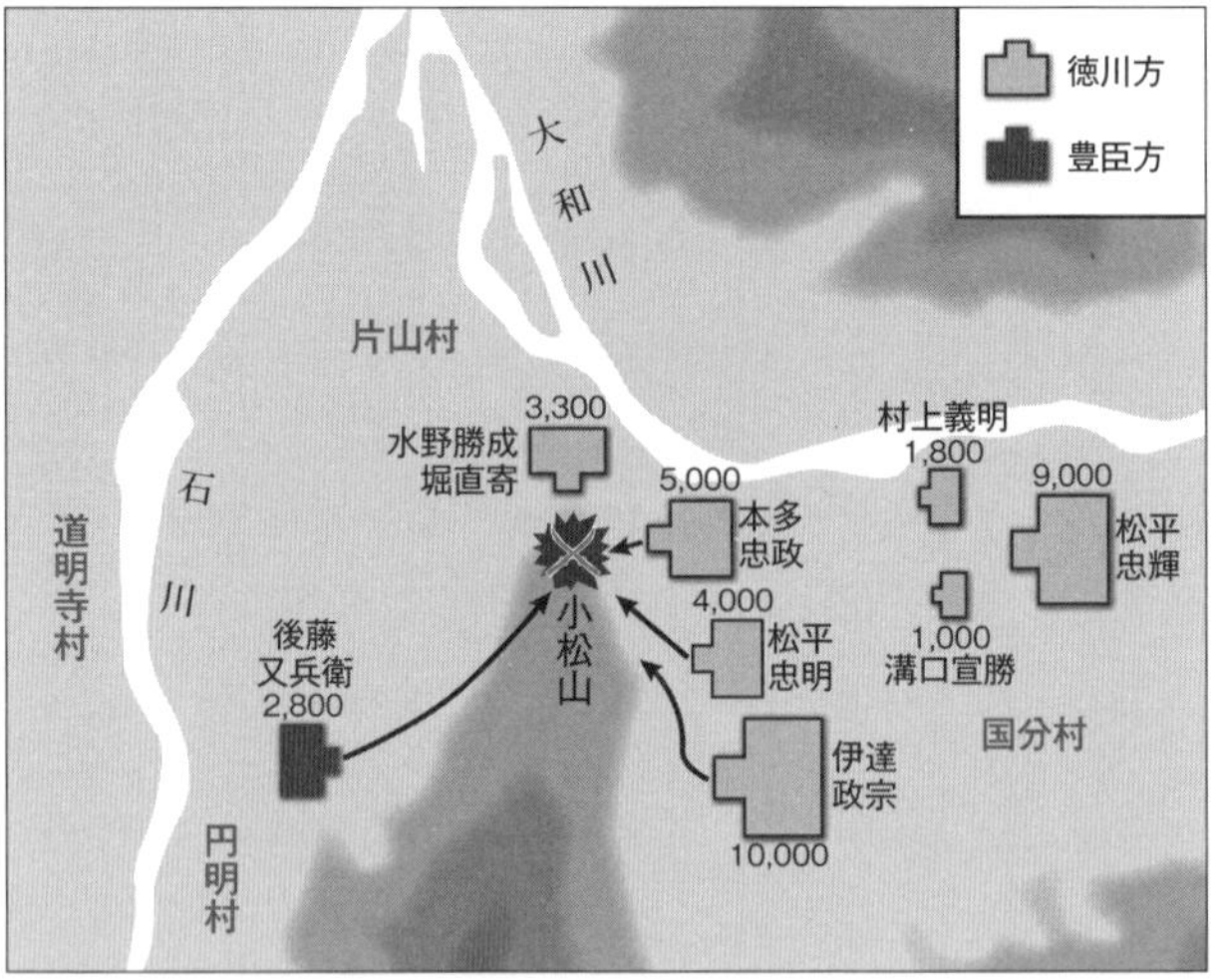

道明寺合戦配陣図〈午前〉

後藤又兵衛石碑
（大阪府柏原市玉手町　玉手山公園内）

〈午前〉」)。又兵衛は、後続の毛利勝永、真田幸村、薄田《すすきだ》兼相《かねすけ》、明石全登らを待たずに、自ら率いる一隊だけで徳川の大軍と戦わざるを得ない状況に追い込まれてしまった。でも、さすがに又兵衛は強く、十倍以上の徳川の大軍相手に、一時は玉手山丘陵北端部頂上の「小松山」を占領するなど優勢に戦いを進めたが、最終的には衆寡敵せず、又兵衛は壮絶な討死を遂げた。

道明寺合戦を描いた数少ない絵画史料の一つに岐阜市歴史博物館所蔵の「大坂夏の陣図屏風」がある。そこには、わずかに残った後藤又兵衛の軍勢が徳川の大軍に包囲されて最期を迎える様子が描かれている。

『駿府記』は慶長二十年（元和元年、一六一五）五月六日条で又兵衛の最期を

後藤又兵衛道明寺辺りにおいて、政宗手へ打ち取る

と記している。京都の公家山科言緒《ときお》の日記『言緒卿記』にも、

後藤又兵衛（基次）、正宗（伊達）手にて討ち取り了ぬ

とある。いずれも、又兵衛は伊達政宗隊に討ち取られた、と書いている。

姫路の芥田家には、又兵衛の叔父である後藤助右衛門が、当時の芥田家当主芥田五郎右衛門元高《もとたか》に送った（慶長二十年）五月十二日付の書状が残されている。又兵衛討死から六日後の手紙である。

思し召しより御懇書忝く拝見仕り候。仍って大坂おち（落）申すについて、皆々はて（果）申す由に候。ふびんなる仕合せ、御すいれう（推量）成さるべく候。又兵衛殿も六日に御打しに（討死）成され候。然れども御手から（柄）、けんへい（源平）以来あるまじくと申すとりざたにて御座候。日本のおほへ（覚）ためしなきやうに承り候。（中略）

五月十二日　　後藤助右衛門　□（花押）

芥　五郎右様　まいる　人々御中

「芥田様から届いた丁重な手紙を拝見しました。大坂城が落ちて豊臣方は皆、果ててしまいました。不憫《ふびん》なことになってしまいました。ご推察ください。又兵衛殿は討死しましたが、その戦いぶりは源平以来、こんな武将はいなかったと取り沙汰されています。日本史上に未だかつてなかったほどの戦いぶりだったと言われています」と伝えている。

「大坂夏の陣図屛風」より後藤又兵衛隊部分（岐阜市歴史博物館蔵）

「大坂御合戦絵巻」より後藤又兵衛・山田十郎兵衛部分
（群馬・杉浦家蔵、大阪城天守閣提供）

　道明寺合戦を描いた絵画史料がもう一つある。たまたま筆者が大阪城天守閣の学芸員室に一人で勤務していた日に持参され、「新発見」することになった群馬県の杉浦家所蔵の「大坂御合戦絵巻」である。図版は長い絵巻物の一部分であるが、左側の馬に乗っている人物が後藤又兵衛で、その又兵衛に菱形の紋様の背旗をつけた敵軍が向かって来る。この菱形は「釘抜紋《くぎぬきもん》」と呼ばれる紋章で、徳川家康の外孫松平忠明《ただあき》隊の旗印である。詞書には「山田十郎兵衛、大坂の強将《きょうしょう》後藤又兵衛を討取、其身も終に打死す」と記されている。「松平忠明隊の山田十郎兵衛が後藤又兵衛を討ち取った。しかし山田十郎兵衛もこの戦いで討死してしまった」というのである。先ほどの『駿府記』や『言緒卿記』の「又兵衛は伊達政宗隊に討ち取られた」という記述とはまったく違うことが書かれているのである。その最期についても、岐阜市歴史博物館所蔵の「大坂夏の陣図屛風」のように徳川の大軍に包囲され、進退窮まって討ち取られたのではなく、馬上一騎討ちのように描かれていて、これまたまったく違う。

現地の小松山近くには、その山田十郎兵衛の墓がある。山田家は忠明の子孫である武蔵国忍《おし》藩主松平家の家臣として明治維新まで続くが、その山田家の依頼により、江戸時代を通じて片山村の庄屋がこの墓の世話をしてきた。

この「大坂御合戦絵巻」は幕末の弘化二年（一八四五）にできたもので、信憑性があまりないのではと疑う向きもあろう。つくらせたのは忍藩主松平忠国なので、自家の歴史を飾りたいがために先祖である松平忠明隊が有名な後藤又兵衛を討ち取ったことにして、幕末にこんな絵巻物をつくらせたのではないかという推測も成り立つ。しかし、山田十郎兵衛が又兵衛を討ち取ったという話は、幕末に忍藩松平家が突然でっち上げたものではない。

『武功雑記』は平戸藩主の松浦鎮信《しげのぶ》が元禄九年（一六九六）にまとめたものであるが、その巻十に次のような記述がある。

後藤又兵衛首は、松平下総殿内山田十郎兵衛打ち取る。十郎兵衛膝じるしをあげながら深手を負い死に候故、又兵衛首を政宗殿手へ取得候由。

「又兵衛の首は、本当は松平忠明家臣の山田十郎兵衛が取った。でもその山田十郎兵衛も討死してしまったので、十郎兵衛が取った首を伊達政宗隊がかすめ取り、伊達政宗隊の手柄になった」というのである。漢学者佐藤直方《なおかた》の著した『鶴の毛衣』も巻二でこのように書いている。

或人曰はく、後藤首は松平下総守内山田十郎兵衛と云ふ者これを取る。されども十郎兵衛深手を負い、つかれ果たる所を、余人奪ふよし。

これらからわかるように、山田十郎兵衛が又兵衛の首を取ったという話は、古くから語られてきた話なのである。実際大軍どうしが激突している戦場で首を取るというのは簡単なことではない。首を取っている間に自分がやられるかもしれない。取った首を手に持っていると片手がふさがり、戦うのに不利であるから、髻《まげ》を帯にくくり付けて腰のあたりにぶら下げる。それにしてもいくつも首をぶら下げて戦えないから、身分の高そうな武将の首を残して、ほかの首は戦場に捨てたりする。すると その捨てられた首を拾う者が出てきて、「自分が取った」などと主張したりする。そのため、誰が誰の首を取ったかというのを検証するのは非常に難しい作業になる。たとえば、大坂夏の陣の樫井合戦で討死した塙団右衛門《ばんだんえもん》の首の場合、自分が取ったとする候補者が四人いた。最終的には証言などを集めて誰が取ったかを決定して、その人に恩賞が下されるが、それでもその決定が本当に正しいかどうかはわからない。実際、納得しない者がいっぱいいるわけで、誰が誰の首を取ったかを決定するのは、それほど難しい作業なのである。だから仮に政宗隊が又兵衛の首を差し出したとしても、本当にその首を政宗隊が取ったかどうかは別問題なのである。

又兵衛は、首を取られなかったという話も残っている。『難波戦記《なにわ》』には、「又兵衛は、吉村武右衛門《ぶえもん》に『自分の首を絶対に敵に渡すな』と命じて自害し、介錯した武右衛門は又兵衛の首を深田に埋めて隠した」と記されている。
陣後しばらくして、武右衛門は又兵衛の首を掘り出して、又兵衛の伯父藤岡九兵衛《くへえ》が住職をしていた伊予国（愛媛県）の長泉寺に持参し、供養してもらった、という話も伝わっている。長泉寺は「後藤又兵衛基次公菩提所」として愛媛県伊予市の史跡に指定され、近くの民家敷地には又兵衛の首塚も残されている。

後藤又兵衛首塚（愛知県伊予市宮下）

ところが、この首塚については、江戸時代、又兵衛の生存伝説が語られた。又兵衛は実は夏の陣で討死したのではなく、影武者が身代わりとなり、又兵衛自身は伊予国に落ち延びたというのである。これによれば「首塚」は首塚ではなく、夏の陣後も生き、天寿を全うした又兵衛の墓ということになる。

又兵衛生存伝承は伊予だけでなく、豊前（大分県）・豊後（大分県）・薩摩（鹿児島県）・備前（岡山県）・紀伊（和歌山県）・下野（栃木県）など、各地で語られた。「又兵衛桜」で有名な奈良県宇陀市もその一つで、近くの薬師寺境内に又兵衛のものとされる墓がある。

〈参考文献〉
大阪城天守閣編『大坂の陣４００年記念　特別展　浪人たちの大坂の陣』大阪城天守閣、二〇一四年
北川央『大坂城と大坂の陣――その史実・伝承』新風書房、二〇一六年

北川央『なにわの事もゆめの又ゆめ――大坂城・豊臣秀吉・大坂の陣・真田幸村』関西大学出版部、二〇一六年
北川央「真田幸村と後藤又兵衛」(『兵庫県立歴史博物館友の会だより』一三〇号、二〇一六年)
北川央・跡部信「平成20年度　豊臣時代資料・史跡調査概報」(『大阪城天守閣紀要』三八号、二〇一〇年)
福田千鶴『後藤又兵衛――大坂の陣で散った戦国武将』中公新書、二〇一六年
福本日南『大阪城の七将星』東洋書院、一九八〇年
松本多喜雄『播州後藤氏の栄光――後藤又兵衛基次の系譜』神戸新聞出版センター、一九八二年

第17章　戦争と民衆――「大坂夏の陣図屏風」の世界

✣大坂夏の陣の経過

慶長二十年（元和元年、一六一五）五月五日、大御所徳川家康が京都・二条城を発し、同日、二代将軍徳川秀忠も伏見城を進発して大坂へと向かった。

これに先立ち、豊臣方の勇将塙団《ばんだん》右衛《え》門《もん》が討死を遂げた泉州・樫井《かしい》合戦など、いくつかの前哨戦が行われたが、家康・秀忠の出陣で、ついに豊臣―徳川最終戦争の火蓋が切って落とされた。

徳川方の大軍勢は、大和方面と河内方面の二手に分かれて進軍。五月六日、豊臣方は大和方面軍を河内の道明寺《どうみょうじ》付近で、河内方面軍を八尾・若江でそれぞれ迎撃。いずれも大激戦となったが、道明寺合戦で後藤基次（又兵衛）・薄田《すすきだ》兼相《かねすけ》（隼人正《はやとのしょう》）、若江合戦で木村重成という主だった武将を失った豊臣方が、結局敗北し、大坂城へと壊走《かいそう》した。

そして五月七日、大坂城の南、上町台地一帯で、徳川方十五万五千、豊臣方五万五千といわれる大軍が激突。真田幸村（信繁）隊が家康本陣に突入して、家康の心胆を寒からしめたものの、大奮戦空しく、豊臣方は敗れ、戦いは徳川方の大勝利に終わった。

城主豊臣秀頼とその母淀殿、そして大野治長ら側近たちは、大坂城山里曲輪《やまざとくるわ》の焼け残りの櫓《やぐら》の中に潜んだが、翌八日、これに火を放って自害。栄耀栄華をきわめた豊臣家は、ここにわずか二代で滅亡の憂き目を見ることとなったのである。

✣大坂夏の陣図屛風の概要

さて、現在大阪城天守閣の所蔵品となり、国から重要文化財の指定を受けている大坂夏の陣図屛風は、元来、筑前・福岡藩主黒田家に伝来したもので、俗に「黒田屛風」と通称される。六曲一双の大画面に人物五千七十一人、馬三百四十八頭、幟《のぼり》千三百八十七本、槍九百七十四本、弓百十九張、鉄砲百五十八挺（「黒田家什物大坂陣屛風図考」）などが描き込まれたきわめて精緻な屛風絵で、右隻《うせき》には開戦後まもない五月七日最後の決戦の様子が、左隻《させき》には落城後の悲惨な光景がそれぞれ詳細に、生々しく描かれている。右隻と左隻にまたがって、大天守の聳《そび》えたつ大坂城も描かれていて、史料に乏しい豊臣大坂城を窺い知る貴重な絵画史料ともなっている。

大坂夏の陣に徳川方として参戦した黒田長政が、陣後まもなく戦捷《せんしょう》記念に描かせたものと伝えられ、製作にかかわった絵師として「八郎兵衛」（「黒田家重宝故実」）、「久左衛門」（「竹森家伝」）といった名前が伝えられるが、近年はその画風から、作者に岩佐又兵衛を想定する見解も提出されている。

✣左隻場面解説

落城後の様子を描いた左隻には、権力者同士の武力闘争の巻き添えをくった多くの一般民衆の姿が描かれている。ここではいくつかの場

「大坂夏の陣図屛風」左隻（大阪城天守閣蔵）

面を選び、それぞれを読み解くことで、ひとたび合戦が勃発すれば彼らの身にどのような災難が降り懸かることとなったか、その実相を知る手がかりとしたい。

(1) 天満橋付近（左隻第二扇）

宝永元年（一七〇四）に現在の流路に付け替えられるまで、大和川は河内平野に入ると長瀬《ながせ》川・玉串《たまくし》川・吉田川・菱江《ひしえ》川などに分流し、最終的には恩智《おんぢ》川・楠根《くすね》川・平野《ひらの》川の流れも合わせてまた一つとなり、大坂城の北で淀川（旧淀川、現在の大川）に注ぎ込んでいた。

その淀川も、現在の新淀川は明治二十九年（一八九六）から同四十三年（一九一〇）にかけての淀川改良工事で開削されたもので、大川こそがかつての淀川本流であったから、大和川・淀川の二大河川が合流する天満《てんま》橋付近の水量は、およそこんにちとは比較にならぬほど豊かなものであった。

すでに記したように、五月七日の決戦は大坂城南方で行われ、徳川勢は南から北へと大坂城

(1) 天満橋付近（左隻第二扇）

に向かって攻め上ってきたので、必然的に避難民や敗残兵は、北へ、北へと脱出を図ることとなった。

けれど彼らの行く手には水量豊かな淀川が大きくたちはだかり、そこに架けられていた天満橋も、北側からの敵の侵入を防ぐため、合戦前に城方豊臣勢によって、あらかじめ焼き払われてしまっていた。

あまりの恐怖に震えながら必死の形相で焼け残りの橋杭にしがみつく女性。褌《ふんどし》ひとつで妻の手を引く夫。妻を背負い淀川を歩き渡ろうとする夫。流れに飲まれて溺れかかる妻に手を差し伸べ、救《たす》けようとする夫。そんな彼らに襲いかかろうとする武者たち。対岸からは徳川方の池田利隆隊・有馬豊氏《とようじ》隊の鉄砲が容赦なく彼らに狙いを定めている。

(2) 長柄川付近（左隻第四扇）

淀川を越え、さらに北へ、北へと逃げる避難民・敗残兵をなおも追う徳川勢。

刀で威嚇して一般民衆から荷物を奪う武者。女性に乱暴する武者。敗残兵の髪をつかみ、今しもその首を取ろうとする武者。すでに首のない死体が転がり、首を持って意気揚々と引き揚げる武士たちの姿も描かれる。逃げる敗残兵から挙げた首は「追首《おいくび》」と呼ばれ、大した戦功とは認められなかったが、それでも徳川方の取った首級にはこうした「追首」が多数含まれていた。

(2) 長柄川付近（左隻第四扇）

(3) 神崎川付近（左隻第六扇）

追いすがる徳川勢を振り切り、やっとの思いで長柄川《ながら》・神崎川《かんざき》を越えた彼らを、今度は野盗《やとう》の群れが襲う。

大小の刀を差し出して命乞いをする男性。自ら帯を解き、着ていた衣服を差し出す女性。抗《あらが》ったためか、無理やり帯をほどかれ、身ぐるみ剝《は》がれる男性。その左奥には、野盗の頭目《とうもく》とおぼしき男が奪い取った多くの金品を前にふんぞり返る。さらに左側を、着物を剝ぎ取られた夫婦連れが裸のまま手を取り、互いに励まし合いながら道を急ぐ。

(4) 神崎川付近（左隻第六扇）

民家の前に立つ二人の男に、手を合わせてひざまずき、必死に嘆願する裸の女性。すでに身ぐるみを剝がれてしまった彼女には、もはや差し出せるものなど何もなく、ただひたすら命乞いをするしかなかったのであろう。

金雲を隔てたその上方には、首のない夫の死体を呆然と眺める妻が描かれる。百姓や町人といった非戦闘員の首を取ることは厳しく禁じられたが、戦功を挙げることのできなかった者や、恩賞に目のくらんだ者たちが、しばしば彼らに手をかけた。そうして敵方の首と偽り、主君に差し出したのである。徳川方の挙げた万余の首級の中には、「追

(3) 神崎川付近（左隻第六扇）

首」だけでなく、こうした「偽首《にせくび》」も多数混じっていた。

その右脇に、乳呑み子《ちのご》を抱く母親の姿が描かれる。文字どおりの阿鼻叫喚《あびきょうかん》の中、泣き止まぬ赤子を懸命にあやす幼女の健気な姿が何とも痛ましい。

✣大坂夏の陣図屏風の価値

川中島合戦図屏風、長篠合戦図屏風、賤ヶ岳合戦図屏風、小牧・長久手合戦図屏風、関ヶ原合戦図屏風、大坂冬の陣図屏風等々、著名な戦国合戦を描いた屏風は数多くある。

大坂夏の陣を描いた屏風も、本章でとりあげた大阪城天守閣所蔵本だけでなく、出光美術館所蔵本、岐阜市歴史博物館所蔵本、彦根城博物館所蔵本、最上《もがみ》屏風などいくつもの種類が伝存している。けれどそれらのほとんどすべてが武将たちの華々しい戦闘シーンの描写に終始している。戦国合戦図屏風なるものが、合戦の勝利者側で、自ら

⑷ 神崎川付近（左隻第六扇）

や祖先の功績を誇り、後世に伝えるべく製作されたことを考えると、そうした画面構成をとることはきわめて自然であるといえよう。

ところがそれらの中で唯一つ、大阪城天守閣所蔵のこの大坂夏の陣図屏風だけが、落城後の凄惨《せいさん》なシーンに半双を割いている。

一般民衆が被害を受けない戦争など、この世に決して存在しない。名将たちの知勇ばかりが美化され、語り継がれる戦国合戦の裏側にいったい何があったか。本屏風は、戦国合戦の表と裏、光と陰を六曲一双の大画面に見事に描き込んでみせたのである。このことが、本屏風に他の戦国合戦図屏風と一線を画する価値、深みを与えている。成立時期がきわめて早いこと、描写が実証的で、精緻きわまりないこととともに、本屏風が戦国合戦図屏風の白眉と称される所以《ゆえん》である。

〈参考文献〉

岡本良一『大坂冬の陣夏の陣』創元社、一九七二年
岡本良一『図説大坂の陣』創元社、一九七八年
桑田忠親・岡本良一・武田恒夫編『戦国合戦絵屏風集成　第四巻　大坂冬の陣図・大坂夏の陣図』中央公論社、一九八八年
渡辺武編著『図録　大坂夏の陣図屏風』講談社、一九七九年
北川央「描かれた激闘の譜を読む『大坂夏の陣図屏風』」（『歴史群像シリーズ40　大坂の陣――錦城攻防史上最大の軍略』学習研究社、一九九四年）
北川央「大坂冬の陣図屏風・夏の陣図屏風に描かれた大坂城――極楽橋の検討」（和歌山県立博物館編『特別展　戦国合戦図屏風の世界』和歌山県立博物館、一九九七年）

第18章 怨霊と化した豊臣秀吉・秀頼

✣豊臣家の滅亡と家康の最期

一介の庶民から身を起こし、関白・太政大臣にまで昇り詰めた不世出の英雄・豊臣秀吉。彼は、慶長三年（一五九八）八月十八日、六十二年に及ぶ波瀾万丈の生涯を終えた。

死に臨んで秀吉は、わずか六歳の幼児秀頼の将来が不安でならず、徳川家康ら五大老に対して、「秀頼事、成りたち候やうに、この書付の衆（五大老）として、頼み申し候。何事も、この他には思ひ残す事なく候」「返すがえす、秀頼事、頼み申し候。五人の衆（五大老）頼み申し上げ候。頼み申し上げ候。委細（詳しくは）五人の者（五奉行）に申し渡し候。なごり惜しく候」（「豊臣秀吉遺言状写」毛利家文書）と、懸命に頼み込んだ。そこには天下統一を果たした覇者・秀吉の姿は微塵も感じられず、聞こえてくるのは、ただただ、幼少のわが子を溺愛し、心配する老人の悲痛な叫び声である。

秀吉が亡くなると、家康は秀吉が生前に定め置いた掟を平然と無視し、恣《ほしいまま》に権勢をふるうようになる。石田三成が、これを阻止しようと立ち上がったが、慶長五年（一六〇〇）九月十五日の関ヶ原合戦で、三成ら西軍は家康率いる東軍に惨敗を喫し、三成は処刑された。勝者となった家康は慶長八年（一六〇三）二月十二日に征夷大将軍となり、江戸に幕府を開く。大坂城には未だ豊臣秀頼が健在で、徳川家を凌ぐ権威を誇ったものの、家康はあの手この手で豊臣家を揺さぶり、ついには京都・東山の大仏殿（方広寺）の大梵鐘に刻まれた「国家安康」「君臣豊楽」という銘文に、徳川家康を呪詛《じゅそ》するものであるとの難癖《なんくせ》を付けて、慶長十九年（一六一四）、大坂冬の陣を引き起こす。巧みな計略で和睦に持ち込んだ家康は、大坂城の堀を次々と埋めさせ、翌慶長二十年（元和元年、一六一五）五月七日、大坂夏の陣で大坂城が落城、豊臣家は滅亡した。

ところで、豊臣秀吉は、死後自らが神格化されることを望み、慶長四年（一五九九）四月十七日、朝廷は「豊国大明神《とよくにだいみょうじん》」の神号を贈った。京都・東山の阿弥陀ヶ峰《あみだがみね》の山麓に壮大華麗な社殿が造営され、秀吉は神として祀られることになったのであるが、大坂夏の陣で豊臣家が滅亡すると、家康は秀吉から神号を剝奪《はくだつ》して

死後、「豊国大明神」として祀られた豊臣秀吉

（部分、宇和島伊達文化保存会蔵）

陥落する大坂城。モンタヌス『日本誌』（国立国会図書館蔵）

神の座から引きずり降ろし、豊国社社殿の破却を命じた。

慶長二十年（一六一五）は、七月十三日に改元されて元和元年となるが、翌元和二年（一六一六）四月十七日に徳川家康が駿府城内で死去する。「四月十七日」は、「豊国大明神」の神号宣下《せんげ》の日であったから、家康の死は秀吉の祟《たた》りによるものという噂が出ても何ら不思議はなかったが、さすがに憚《はばか》られたのか、それを記した史料は確認できない。

✣徳川大坂城にまつわる怪事

大坂城は大坂夏の陣で落城したが、元和五年（一六一九）になって、二代将軍徳川秀忠が再築を決め、翌元和六年（一六二〇）からスタートした築城工事は、寛永六年（一六二九）まで、十年間にわたった。工事は、北国・西国の大名六十四家が参加する「天下普請《てんかぶしん》」の形で行われ、秀吉の築いた豊臣大坂城の石垣を地中深くに埋め、その上に、豊臣大坂城を遥かに上まわる規模で新しく石垣を築き、まったく新たな徳川大坂城を完成させた。したがって、現在我々が目にする日本一の高石垣、百トンを超える巨石、大河を思わせる広大な水堀はすべて徳川大坂城のそれであって、豊臣大坂城の遺構は何一つとして地上には残されていない。秀吉が築いた豊臣大坂城は、徳川幕府によって完全に抹殺されてしまったのである。

徳川大坂城は、徳川幕府の西日本支配の本拠地と位置付けられ、将軍に代わって西国全域を管轄する役職として大坂城代が置かれ、譜代の有力大名が自らの家臣団を率いて着任した。副城代にあたる定番《じょうばん》にも譜代大名二名が任命され、やはり家臣団を率いて大坂城に入った。幕府正規軍である大番《おおばん》も二組が一年の任期で大坂城に駐留し、その加勢として四人の譜代大名が加番《かばん》に任命され、やはり一年交代で軍勢を率いて大坂城に入った。

徳川大坂城には普段からこれだけの大軍勢が常駐し、さらに大坂船手《ふなて》（船奉行）のもとに水軍も編成され、外様の大々名がひしめく西国の有事に備えた。

それだけに大坂城に蓄えられていた武器・弾薬も凄まじい量であった。当時、焔硝蔵《えんしょうぐら》は、大坂城の搦手《からめて》にあたる青屋口《あおやぐち》にあり、焔硝（黒色火薬）二万千九百八十五貫六百匁（約八十二トン）、鉛の弾丸が大小四十三万千七十九個、火縄は三万六千六百四十筋が納められていた。万治三年（一六六〇）六月十八日、この焔硝蔵に雷が落ちたからたまらない。大爆発が起こり、青屋口の石垣に使われていた巨石が五つ、内堀・山里丸・本丸・二之丸を飛び越えて大手口に落下し、天守・本丸御殿をはじめ、城内の建物に甚大な被害が生じたほか、青屋口の引橋《ひきばし》が爆発で破壊され、橋の用材が天満（大阪市北区）や備前島（大阪市都島区網島町）まで吹っ飛び、直撃を受けた子供が即死した。大坂城内でも加番大名の土岐頼行《ときよりゆき》が負傷し、家臣五人が焼死するなど、計二十九人の死者、百三十人余りの負傷者が出た。大坂市街では千四百八十一軒の家屋が倒壊し、損傷した家屋は数えきれないほどであった。青屋門の門扉は、河内（大阪府）と大和（奈良県）の国境に聳《そび》える生駒山《いこまやま》の暗《くらがり》峠《とうげ》に飛来した（『板倉重矩常行記《いたくらしげのりじょうぎょうき》』）。大坂城から暗峠まではおよそ十四キロの距離で、暗峠の標高は約四百五十メートルであるから、想像を絶する大爆発であった。

この日は六月十八日で、「十八日」は「太閤秀吉公の忌日」であったから、落雷は「豊国大明神の霊」の仕《し》業《わざ》と考えられ（『武門諸説拾遺』）、幕府関係者は恐怖に慄《おのの》いた。

それから二年経った寛文二年（一六六二）五月一日、今度は京都・大坂をはじめ近畿地方一帯を大地震が襲った。二条城の外郭が各所で壊れ、大津や宇治の倉が崩壊。丹波・篠山《ささやま》城、摂津・尼崎《あまがさき》城、近江・膳所《ぜぜ》城、若狭・小浜《おばま》城などの石垣が崩れ、近江の朽木谷《くつきだに》（滋賀県高島市朽木）では、領主の朽木貞綱が地震の被害で圧死した（『徳川実紀』）。

一日は秀吉の命日ではなかったが、万治三年（一六六〇）の大爆発で秀吉が怨霊と化した事実は明白であったから、幕府の二条城や譜代大名の城に甚大な被害を及ぼしたこの大地震もまた、「今度の地震、豊国大明神

昭和６年（1931）に再建された現在の大阪城天守閣

の祟り」（『忠利宿禰日次記』）とされた。

そして、三年後の寛文五年（一六六五）正月二日、大坂城大天守の北側の鯱《しゃちほこ》に落雷があり、火は最上層から次第に下層へと燃え移り、ついに天守全体を焼き尽くした。以降、大坂城の天守は昭和六年（一九三一）に現在の天守閣が鉄骨鉄筋コンクリート製で復興されるまで、再建されることはなかったのである。

✣豊臣家の亡霊と鎮魂

江戸時代を通じて、城代・定番・大番・加番などに任命された譜代大名や旗本、また彼らの家臣たちが入れかわり立ちかわり大坂城に入ったが、彼らは秀吉をはじめとする豊臣家の人々の深い恨みに怯《おび》え続けた。それほど徳川家の人々は豊臣家に対し、うしろめたさを感じていたのである。江戸時代の大坂城では、彼ら譜代大名や旗本たちが、「暗闇《くらやみ》の間《ま》」「明半《あけかけ》の間」「禿雪隠《かむろせっちん》」「婆々畳《ばばあだたみ》」「不開《あかず》の炉《いろり》」「ジジイ雪隠《せっちん》」「陰火《いんか》」「乱争《らんそう》の声」「胎衣松《えなのまつ》」「壁に塗り込められた葛籠《つづら》」「明けずの間」「だれも寝ざる寝所」「化物屋敷《ばけものやしき》」といった数多くの怪談を語り継いできた（北川央「大阪城の怪談」）。大番の隊長（大番頭《おおばんがしら》）として着任した常陸《ひたち》・麻生《あそう》藩主の新庄直計《しんじょうなおかず》などは、任務により自らが本丸御殿で宿直《とのい》をしなければならなかった夜、「禿雪隠」と呼ばれる便所から妖怪が現れると聞いていたので怖くて仕方がなく、宿直に家臣を伴い、一晩中話し相手になってもらい、一睡もせずに過ごした、と正直に告白している（『甲子夜話続編』）。彼らが語る妖怪の正体はそのほとんどが豊臣家の亡霊であった。

豊臣秀頼・淀殿らの自刃の地には碑が建てられている

怪談の舞台となった「ばけもの屋敷」の跡地。大阪城内には怪談スポットが点在している

さて、秀吉は生前、最愛の秀頼の安全をはかるため、徳川家康の孫娘である千姫を秀頼の正室とすることを決めた。千姫は、家康の嫡男である秀忠と正室江《ごう》との間に生まれた長女で、江は秀頼の母である淀殿の妹であったから、二人は従兄妹《いとこ》という関係であった。秀吉の定めた掟を次々に破った家康であったが、秀頼と千姫の婚儀については、約束を違えることなく、慶長八年（一六〇三）七月二十八日、七歳の千姫は十一歳の秀頼のもとに嫁いだ。

二人の仲はたいへん睦《むつ》まじいものであったと伝えられるが、大坂の陣が二人を引き裂くこととなった。

慶長二十年（元和元年、一六一五）五月七日、大坂城落城に際して、夫秀頼と姑《しゅうとめ》淀殿の助命嘆願のため、千姫は城外に出された。千姫は祖父家康、父秀忠に必死に訴えたものの、千姫の願いは聞き入れられず、翌八日、山里丸に潜んでいた秀頼・淀殿、そして大野治長《はるなが》らの側近が自害し果てた。

千姫は、たいへんなショックを受け、しばらく床に臥したが、その後、徳川家発祥の地と伝えられる上野国世良田郷《せらだごう》（群馬県太田市）の満徳寺に侍女を派遣して豊臣家との縁切《えんぎり》を済ませ、元和二年（一六一六）九月十一日、伊勢国桑名城主本多忠政の嫡男忠刻《ただとき》に再嫁した。時に千姫は二十歳、夫忠刻は一つ上の二十一歳であった。忠刻の生母熊姫《くまひめ》は、家康長男信康の次女であったから、一世代ずれて、千姫は姑熊姫と従姉妹《いとこ》の関係にあった。

翌元和三年（一六一七）七月、本多忠政は播磨・姫路へと転封になり、忠刻・千姫夫妻もこれに従い、姫路城に移り住んだ。桑名城主のおりには本多家の所領は十万石であったが、姫路転封にともない十五万石に加増され、さらに千姫化粧料の名目で嫡子忠刻に別途十万石が与えられた。

元和四年（一六一八）には忠刻・千姫夫妻に長女勝姫が誕生し、翌年には待望の嫡子幸千代が生まれた。何事も順風満帆で、幸せな結婚生活を満喫していた千姫であるが、元和七年（一六二一）十二月九日に幸千代がわずか三歳で夭逝したのを機にすべてが暗転し始める。

その後も千姫は懐胎《かいたい》するが、流産を繰り返したため、原因を占ったところ、先夫豊臣秀頼の祟りであるとの結果が出た。驚いた千姫は、母江や姑《しゅうとめ》淀殿らが帰依《きえ》した伊勢・内宮の慶光院《けいこういん》の尼上人周清《しゅうせい》に秀頼の鎮魂を依頼した。周清は、小さな聖観音坐像をつくり、その胎内に、秀頼が生前にしたためた「南無阿弥陀仏」の六字名号《ろくじみょうごう》を納めて「御神体」とし、併せて周清自身が秀頼鎮魂のために綴った願文《がんもん》を納めた。

元和九年（一六二三）九月吉日付の願文は長文で、概ね以下の内容が記されている。

「占いをしたところ、千姫様にお子ができるたびに、あなた様にお恨みの心があって、それが障りになっているとのことです。あなた様がお恨みになるのももっともなことであり、体面もあるでしょうが、一度こうなってしまったことは仕方ありません。千姫様には、私からも秀頼様の菩提をお弔いするよう申し上げますので、どうか今後は千姫様が男の子や女の子をたくさんお産みになり、母子ともに繁盛なさるよう守ってあげてください。次に千姫様が無事お子様をお産みになったら、それは秀頼様のお手柄であるのは明白です。千姫様だけでなく、私自身も、忙しさにかまけて秀頼様やお袋様（淀殿）の菩提を弔うのを怠ってきたことは本当に申し訳なく思っています。これからはわが慶光院にこの観音像をお祀りし、慶光院の続く限り、代々秀頼様とお袋様の供養をおろそかにすることはありません。どうか、千姫様へのお恨みの心を断ち切り、千姫様が息災であられ、お子たちがたくさん生まれて繁盛されるよう、お守りください」

しかし、周清上人の祈りも空しく、秀頼怨霊の怒りは収まらなかった。寛永三年（一六二六）五月七日、今度は千姫の夫忠刻が三十一歳の若さでこの世を去った。「五月七日」は、大坂夏の陣で大坂城が落城した日。千姫は秀頼の恨みの深さに改めて震えあがった。

再び寡婦《かふ》となった千姫は江戸に戻り、落飾《らくしょく》して「天樹院《てんじゅいん》」を名乗る。鎌倉・東慶寺《とうけいじ》の天秀尼《てんしゅうに》は、秀頼が側室に生ませた娘で、千姫にとっては義理の娘にあたる。この娘は、大坂落城に際して保護され、東慶寺に入れられて、尼となった。天秀尼は、東慶寺で父秀頼と豊臣家の人々の菩提を弔い続けていたので、天樹院となった千姫は、この天秀尼を援助することで、秀頼の鎮魂につとめたのである。

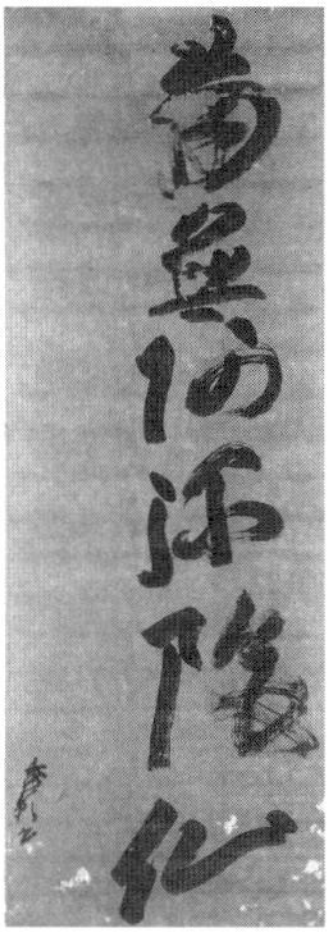

豊臣秀頼の祟りを鎮撫するために造立された「聖観音坐像（千姫観音）」（右上）。胎内には秀頼自筆の「南無阿弥陀仏」の六字名号（左上）と慶光院周清上人自筆の「願文」（下）が納められた（いずれも柴原家蔵、大阪城天守閣提供）

第19章　江戸時代の大坂城と尼崎・西宮・兵庫

✣徳川幕府の大坂城再築と大坂城代

慶長二十年（元和元年、一六一五）五月の大坂夏の陣で豊臣家が滅んだ後、徳川幕府は松平忠明《ただあき》を大坂藩主とし、焦土と化した大坂市街の復興にあたらせたが、元和五年（一六一九）七月、忠明を大和郡山に移し、大坂を幕府の直轄地とした。

二代将軍徳川秀忠は、大坂城の再築を決め、「築城の名手」として名高い伊勢・津藩主藤堂高虎に、石垣の高さも、濠《ほり》の深さも、豊臣大坂城の二倍にせよと命じ、縄張《なわばり》（基本設計）を委ねた。

現在の大阪城。天守閣は全額大阪市民の寄付金で昭和６年（1931）に再建。内部は豊臣秀吉と大阪城に関する歴史博物館となっている

元和六年（一六二〇）三月一日にスタートした再築工事は三期に及び、寛永六年（一六二九）に完了した。普請《ふしん》（土木工事）は、北国・西国の六十四大名を動員して行われたが、総奉行として統括したのは、当時尼崎藩主だった戸田氏鉄《うじかね》である。幕府直営で行われた作事《さくじ》（建築工事）の総奉行をつとめたのは茶人・造園家として有名な小堀政一《まさかず》（遠州《えんしゅう》）だった。

完成した徳川大坂城は、幕府の西国支配の拠点と位置付けられた。城主はあくまでも徳川将軍であったが、普段は江戸城にいる将軍に代わって大坂城の最高責任者とされたのが大坂城代で、五〜十万石クラスの譜代大名が任命され、大坂在勤の幕府諸役人を統括するとともに、西国諸藩の動静を監察した。大坂城代を補佐したのが定番《じょうばん》で、京橋口定番・玉造口定番という二つの役職に、それぞれ一〜二万石程度の譜代大名が任じられた。

さらに大坂城には、幕府正規軍である大番《おおばん》十二組のうち、二組が一年交代で順次駐留した。大番二組の加勢とされたのが加番《かばん》で、山里加番・中小屋《なかごや》加番・青屋口加番・雁木坂《がんぎざか》加番という四つの役職に、一〜三万石クラスの大名が選ばれ、一年の任期で大坂城に着任した。

江戸時代の大坂城は、常時、これだけの軍事力を擁し、最高責任者たる大坂城代は、有事の際、将軍の命を待たずに、西国諸大名に出兵を命じ、大坂城内に備蓄する武器・弾薬を提供する権限を有したのである。

✣従兄弟同士が育てた尼崎藩との関係

こうした体制が整えられる過程で画期とされるのが、寛文二年（一六六二）の青山宗俊の大坂城代就任である（宮本裕次「徳川大坂城」）。

そして、青山宗俊が大坂城代に就任した当時の尼崎藩主が、宗俊の従弟にあたる青山幸利《よしとし》であった。大坂城再築工事の普請総奉行をつとめた戸田氏鉄が美濃・大垣城へと転封なったあと、代わって尼崎に入封したのが幕府老中（年寄）もつとめた青山幸成で、幸利はその嫡子である。父幸成の没後、寛永二十年（一六四三）に藩主となった。

一方、青山宗俊は、幸成の兄忠俊の嫡男である。忠俊もやはり老中をつとめたが、三代将軍徳川家光の勘《かん》気《き》を蒙《こうむ》って失脚し、宗俊は一時期、叔父幸成に養われた。

そうした事情もあって、宗俊と幸利はとにかく仲がよく、宗俊の城代就任後、幸利はたびたび大坂に出向き、城代下屋敷などで宗俊と会談した。幸利が一年を通じて尼崎に在城した寛文七年（一六六七）などは一年間に三十四回も会っている。こうした宗俊と幸利の親密な間柄が、大坂城と尼崎藩の関係を格別なものにしたと考えられている（宮本裕次「大坂城代制成立期における大坂城代と尼崎藩主」）。

✣大坂城を守る要衝にして経済の地

江戸時代、尼崎藩は岸和田藩とともに、大坂城の守衛という特別な役割を担い、新しい城代が大坂城に入ると、城代は尼崎藩主と岸和田藩主に書状を出してその旨を伝え、両藩主からは城代に祝儀が贈られた（岩城卓二『近世畿内・近国支配の構造』）。

その尼崎藩は、城下町尼崎のほか、西宮・兵庫という重要都市を領内に抱えた。西宮は西宮神社の門前町で、西国街道（山陽道）に中国街道が合流する陸上交通の要衝である。一方の兵庫は、瀬戸内海水運有数の湊で、西国街道の宿駅でもあった。

西宮神社は、戎《えびす》神の総本社として著名であるが、享保二年（一七一七）四月五日に、大坂城代内藤弌信《かずのぶ》が参拝に訪れている（松本和明「大坂城代の西宮神社参拝」）。大坂城代の外出には厳しい制約があったが、そうした中での参拝であった。大坂城代の西宮神社参拝は、青山忠良《ただなが》の代、天保十四年（一八四三）閏《うるう》九月にも計画されたが、悪天候のため、結局中止となった。

ところで、尼崎藩主青山家は、宝永八年（正徳元年、一七一一）に信濃・飯山に転封となり、代わって遠江・掛川から松平（桜井）家が尼崎に入った。以降、同家が明治維新まで藩主をつとめた。その間、明和六年（一七六九）に、幕府は、摂津国武庫郡今津村から八部《やたべ》郡兵庫に至る海岸部二十四ヶ村を尼崎藩から召し上げ、代わりに播磨国多可《たか》・宍粟《しそう》・赤穂《あこう》の三郡で七十一ヶ村を尼崎藩に与えた。これにより西宮も兵庫も幕府領となった。
大坂城は、再築から時が経つにつれて老朽化が進んだ。その上、寛文五年（一六六五）に落雷で天守が焼失し、天明三年（一七八三）には、城の正面入口である大手口多聞櫓《たもんやぐら》も落雷で焼失した。けれども、おりからの財政難で再建もされず、無惨な姿をさらしていた。

天保十四年（一八四三）に至って、ようやく幕府は全面的な修復に乗り出し、天守こそ再建されなかったものの、弘化二年（一八四五）から安政五年（一八五八）にかけての工事で、本丸御殿をはじめ門・櫓・塀をすべて修復し、大手口多聞櫓も再建された。

これには多額の費用を要したため、幕府は直轄都市である大坂・堺・西宮・兵庫の町人に莫大な御用金を課した。彼らが献じた多額の金で、大坂城は威容を取り戻したのである。

幕末に撮影された大坂城本丸東側の諸櫓
（大阪城天守閣蔵）

平成30年（2018）に再建された尼崎城天守

付篇　大阪城天守閣での三十五年

私は一九八七年一月一日付で学芸員として大阪城天守閣に採用され、以来、三十五年三ヶ月の長きにわたり、大阪城天守閣で勤務し、二〇二二年三月末、定年退職により、大阪城天守閣館長を退任した。

私にとって、実質的に大阪城天守閣での最初の展覧会となったのは、一九八七年十月十日～十一月八日を会期に開催した『特別展　秀吉の書と肖像』で、私は副担をつとめ、準備の過程で、豊臣秀吉の神格化、肖像画という二つの研究テーマを得ることができた。

そして、翌年三月六日～四月十日を会期に開催した『テーマ展　南木コレクションシリーズ第八回　上方のちらし・引札展』で、私は初めて主担者をつとめた。

ちらし・引札については、まったくの門外漢だったので、たくさんの参考文献を読み、他の博物館でちらし・引札の展覧会を担当された学芸員に教えを乞いに行くなどして、必死に準備を進めた。この展覧会は、我々の予想をはるかに超える反響を呼び、翌年三月五日～四月九日を会期に『テーマ展　南木コレクションシリーズ第九回　上方のちらし・引札展（Ⅱ）』を開催し、一九九二年には、二回の展覧会の成果を、『江戸・明治のチラシ広告　大阪の引札・絵びら〔南木コレクション〕』という豪華本にまとめ、東方出版から刊行することもできた。

三十五年間に、八十回の特別展・テーマ展を開催したが、いちばん思い出に残る展覧会は、一九九三年三月二十日～五月五日を会期に開催した『生誕４００年記念特別展　豊臣秀頼展』で、当時は豊臣秀頼をテーマにすること自体がとても珍しく、会期中の入館者は通常の二倍にもなり、展覧会図録も飛ぶように売れた。そして、この展覧会は、私が秀頼時代の豊臣家や大坂の陣研究に取り組むきっかけにもなった。

新資料の発見という点では、二〇〇六年にエッゲンベルグ城（オーストリア・グラーツ市）の「豊臣期大坂図屏風」を発見する機会に恵まれたことがいちばんの思い出である。それが、エッゲンベルグ城との友好城郭提携という形で実を結び、二〇〇九年十月二日に大阪城西の丸庭園の大阪迎賓館で行った調印式にはオーストリアのハインツ・フィッシャー大統領ご夫妻をはじめ、大臣や政府高官など七十余名がお越しくださり、大統領は調印式の立会人もつとめてくださった。

そして、エッゲンベルグ城との友好城郭提携がブルターニュ大公城（フランス・ナント市）との友好城郭提携にもつながった。

ブルターニュ大公城からの友好城郭提携の申し入れをきっかけに、大阪城天守閣が特別協力（文化財の出品、企画協力、展示・撤収指導）する形で、二〇一四年六月二十八日～十一月九日を会期に開催した『サムライ展

『江戸・明治のチラシ広告　大阪の引札・絵びら〔南木コレクション〕』（東方出版）

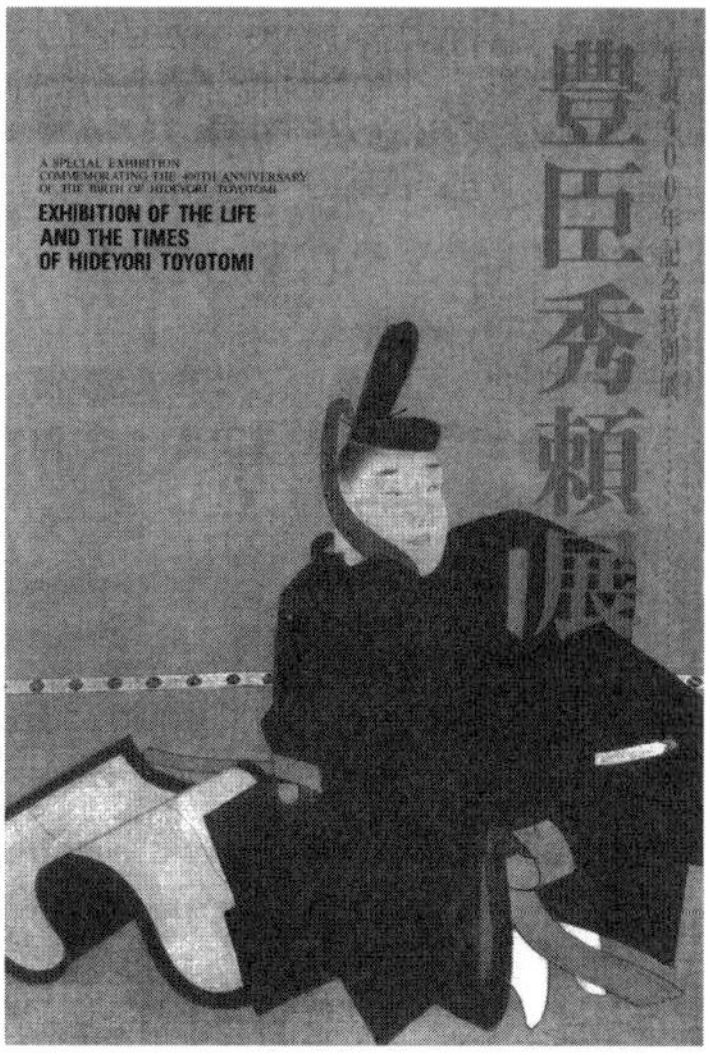

『生誕400年記念特別展　豊臣秀頼展』図録

「豊臣期大坂城図屏風」（エッゲンベルグ城提供）

ブルターニュ大公城

エッゲンベルグ城
（エッゲンベルグ城提供）

ブルターニュ大公城『サムライ展』展示風景

──１０００年の日本の歴史』は、ブルターニュ大公城で行われた展覧会の入場者記録を塗り替えただけでなく、フランス文化省によって「エクスポジション・ダンテレ・ナシオナル」（国益に貢献する展覧会）に選ばれ、展覧会図録も同年フランス国内で刊行された美術本、アジア関係本、双方の分野で金賞を受賞した。友好城郭提携の調印式は二〇一七年四月十一日にやはり大阪迎賓館で行ったが、同年十月二十一日には、ナポレオンも観劇に訪れたことで有名な、格式の高いナント市のオペラ座（グララン劇場）で記念講演会を開催いただいた。五階席まで満席になったオペラ座の光景も忘れ得ぬ思い出の一つである。

こうしたヨーロッパ、アメリカ、アジアなど、海外での講演を含め、三十五年間に行った講演会は実に六百四十三回、著書や共著、展覧会図録、寄稿した雑誌などは七百冊余に及ぶ。

一人でも多くの人に歴史のおもしろさを伝えたい、一人でも多くの人に文化財のすばらしさを知ってもらいたいとの思いで、積極的に執筆活動、講演活動に取り組んだ結果である。

けれど、そうした活動を可能にしたのは、すべて「大阪城天守閣」という金看板のお蔭で、私は自らの実力をはるかに上まわる活躍をさせていただいた。「大阪城天守閣」には、本当に感謝の言葉しかない。

一方で、「大阪城天守閣」は大きくて、重い荷物でもあった。私は就職して六年目から学芸部門の責任者になり、館長の期間も含めて、三十年の長きにわたり、この大きくて、重い荷物を背負い続けてきた。退職により、ようやくこの荷物を下ろすことができ、今は本当にほっとした気持ちでいる。

これからは、私の後輩学芸員たちが、この大きくて、重い荷物を背負い続けていく。来る二〇三一年には復興から百周年という大きな節目も迎える。これからも末長く、大阪のシンボルとして、大阪を代表する博物館施設・文化観光施設として、大阪城天守閣が大阪市民に愛され、内外の多くの観光客から親しまれ続けることを切に願ってやまない。

あとがき

本書は過去に発表した拙文の中から、大坂城の歴史にかかわる人物について書いたものを選んで一冊にまとめたもので、初出・原題は以下のとおりである。本書収録にあたっては、文体を「である」調に統一し、参考文献の掲載方法についても統一したほか、地名表記を「平成の大合併」後のそれに改め、研究の進展にともない事実関係を修正するなど、若干の加筆・修正を行ったが、内容は概ね初出時のままとなっている。

第1章　「〈新収蔵資料紹介〉ａ１４６９　織田信孝書状（天正十年）六月十日付　蜂屋兵庫助・津田兵衛佐宛」（『大阪城天守閣紀要』四一号、大阪城天守閣、二〇一四年）
第2章　「『戦国の覇者』豊臣秀吉――土木に秀でた天下人」（『土木学会誌』一〇四巻二号、公益社団法人土木学会、二〇一九年）
第3章　「大阪城天守閣蔵　『千利休自筆書状（九月十五日付、千宗巴宛）』解説」（熊倉功夫・筒井紘一監修『手紙で読む千利休の生涯』同朋舎メディアプラン、二〇〇三年）
第4章　「豊臣秀吉の神格化と豊臣秀吉画像」（『特別展　豊臣の美術』大阪市立美術館、二〇二一年）
第5章　「それからのお市と娘たち」（小和田哲男編『浅井長政のすべて』新人物往来社、二〇〇八年）
第6章　「明智光秀の娘――細川ガラシャ」（小和田哲男編著『戦国の女性たち――16人の波乱の人生』河出書房新社、二〇〇五年）

第7章　「上杉景勝・直江兼続の生涯と豊臣政権」（『NHK大河ドラマ特別展　天地人――直江兼続とその時代』NHKプロモーション、二〇〇九年）
第8章　「〈新収蔵資料紹介〉ｃ１０２　島左近画像」（『大阪城天守閣紀要』四〇号、二〇一三年）
第9章　「関ヶ原合戦と残党狩り」（『歴史読本』四九巻一一号、新人物往来社、二〇〇四年）
第10章　「大坂の陣を予見した政宗の慧眼を示す『伊達政宗自筆書状』」（『週刊　新発見！日本の歴史28　江戸時代1　徳川家康の国家構想』朝日新聞出版、二〇一四年）
第11章　「秀頼時代の豊臣家と大坂の陣」（『平成二十四年秋季特別展　大坂の陣と越前勢』福井市立郷土歴史博物館、二〇一二年）
第12章　「豊臣秀頼の右筆　大橋龍慶の木像」（『観光の大阪』四六五～四六六号、社団法人大阪観光協会、一九九〇年）
第13章　「大坂の陣に蠢いた女性たち」（『歴史読本』五〇巻二号、新人物往来社、二〇〇五年）
第14章　「真田幸村と大坂の陣――智将幸村の生き方・戦い方」（『ＮＵ７』八号、一般社団法人学士会、二〇一六年）
第15章　「大阪府下における大坂の陣　真田幸村関係伝承地」（『真田三代――近世大名への道』長野市教育委員会松代藩文化施設管理事務所〈真田宝物館〉、二〇〇〇年）
第16章　「播磨の豪将・後藤又兵衛」（播磨学研究所編『家康と播磨の藩主』神戸新聞総合出版センター、二〇一七年）
第17章　「戦争と民衆――『大坂夏の陣図屏風』の世界」（『歴史地理教育』六五五号、歴史教育者協議会、二〇〇三年）
第18章　「怨霊と化した豊臣秀吉・秀頼」（『怪』四一号、ＫＡＤＯＫＡＷＡ、二〇一四年）
第19章　「江戸時代の大坂城と尼崎・西宮・兵庫」（『歴史の旅人』一〇三号、歴史街道倶楽部事務局、二〇二〇年）

付篇　「大阪城天守閣での35年」（『大阪観光ボランティアガイド協会たより』一二号、NPO法人大阪観光ボランティアガイド協会、二〇二二年）

付篇にも記したように、私は昭和六十二年（一九八七）一月一日付で学芸員として大阪城天守閣に採用され、昨年（令和四年〈二〇二二〉）三月三十一日に定年退職により大阪城天守閣館長を退任するまで、三十五年の長きにわたり大阪城天守閣に勤務した。

大阪城天守閣は全額大阪市民の寄付金により、昭和六年（一九三一）に復興され、当初から内部は歴史博物館として活用された。戦前は大阪の郷土歴史館として運営されたが、戦後は①豊臣時代歴史資料、②大阪郷土歴史資料、③武器・武具参考資料、④城郭参考資料を四つの柱として、資料の収集や調査・研究・展示に取り組んできた。しかし、何といっても入館者や世間一般の関心が高いのは①の分野で、「秀吉と大阪城」が大阪城天守閣の大看板である。

現在の大阪城自体は石垣も濠《ほり》もすべて、大坂夏の陣後に徳川幕府によって築き直された「徳川大坂城」のもので、秀吉の築造になる「豊臣大坂城」の石垣は「徳川大坂城」の地下深くに埋められている。「徳川大坂城」の石垣は最も高い本丸東側で三十四メートルに達し、日本一の高さを誇る。蛸石・肥後石など、石垣に用いられた巨石は優に百トンを超え、見る者を圧倒する。濠幅も百メートルを超え、大河を思わせる。城内には江戸時代からの古建造物が十三棟残り、いずれも国の重要文化財に指定されている。いちばん古い千貫櫓と乾櫓は元和六年（一六二〇）の建築で、茶人大名として著名な小堀遠州（政一）の設計になり、金蔵・焔硝蔵といったとても珍しい城郭建築も残っている。さらに地下に眠る「豊臣大坂城」の野面積《のづらづ》みの石垣は、色とりどりの大小さまざまな石を巧みに積み上げたもので、「徳川大坂城」のそれとはまた違った魅力をもち、一般公開に向けて、現在、施設の建設計画が進められている。

大坂城という城郭自体が魅力的な研究対象であり、秀吉の樹立した豊臣政権や彼のさまざまな政策もまた、歴史研究の重要なテーマである。

けれど、私は、そうしたことよりも、大坂城の歴史にかかわった「人」にいっそうの魅力を感じた。織田信長・豊臣秀吉・徳川家康といった天下人。秀長・秀次・秀頼・国松など豊臣家の男たち。大政所・北政所（高台院）・松の丸殿（京極龍子）・淀殿・初（常高院）・江・豪姫・千姫・天秀尼といった女たち。福島正則・加藤清正・片桐且元・石田三成・大谷吉継といった秀吉子飼いの武将たち。毛利輝元・上杉景勝・前田利家・伊達政宗といった戦国歴戦の大名たち。真田幸村（信繁）、後藤基次（又兵衛）・塙直之（団右衛門）といった浪人たち。孝蔵主や、ひがし・きゃくじん・大蔵卿局・正永尼・二位局ら豊臣家の奥に仕えた女たち。千利休・今井宗久・津田宗及・古田織部・小堀遠州といった茶人たち。狩野永徳・光信・山楽といった絵師たち。中井正清・山村与助ら大工たち。蓮如・顕如・安国寺恵瓊・木食応其・西笑承兌・義演准后・梵舜・清韓文英・金地院崇伝らの僧侶たち。他にも、正親町天皇や近衛前久・山科言経・吉田兼見らの公家、ルイス・フロイスをはじめとするヨーロッパの宣教師たち、さらに名もない足軽・雑兵、大坂城下の人々、周辺の摂河泉地域の百姓など、ほんとうにさまざまな階層のいろいろな人々が大坂城の歴史にかかわり、彼らの人生が大坂城を舞台として交錯し、複雑に絡み合った。そうした中から重大な政治的事件が発生し、関ヶ原合戦、大坂の陣といった大合戦も勃発した。そして、それらの事件や合戦の最中にもさまざまな人間模様が渦巻いた。そうした人間ドラマが大坂城の歴史を紡いできたのである。

大坂城以外にも、わが国にはたくさんの城が存在する。しかし、これだけの人間ドラマを内包する城は他にはない。私が大坂城を日本一の「ドラマティック・キャッスル」と呼ぶ所以《ゆえん》である。

平成十九年（二〇〇七）にＯＳＫ日本歌劇団の「真田幸村～夢・燃ゆる～」をつくって以来、ＯＳＫ日本歌劇団や同歌劇団ＯＧ、宝塚歌劇団ＯＧ、関西俳優協議会など、私は大坂城の歴史にかかわる多くの舞台作品をつくってきた。研究者としては、本や論文に絶対書けない心の動き――このとき彼はこう考えて行動したのではないか、あの瞬間彼女はこのように思ったのではないかと、想像をたくましくして、史実と史実の間をフィクションで埋めた。そうしたことも、私が「人」に関心があったからである。そして幸いにしてそれらの作品がいずれも好評を得られたのは、そもそも大坂城の歴史自体が人々を魅了してやまない壮大なドラマだからであろう。

本書で扱ったのは大坂城の歴史にかかわった人物のうち、ほんのひと握りのごくわずかにすぎない。それでもこれだけ濃厚な人間ドラマが存在する。本書を読んで興味を持ってくださった方には、『大坂城――秀吉から現代まで50の秘話』（新潮新書）、『大坂城と大坂の陣――その史実・伝承』『大坂城と大坂・摂河泉地域の歴史』（いずれも新風書房）、『なにわの事もゆめの又ゆめ――大坂城・豊臣秀吉・大坂の陣・真田幸村』（関西大学出版部）などの拙著も、ぜひあわせてご一読いただければ幸いである。

最後になったが、本書を刊行いただいた創元社は大阪を代表する老舗の出版社で、私も十代の頃から、上田正昭『日本神話の世界』、鳥越憲三郎『出雲神話の成立』、井上薫編『大阪の歴史』、横田健一・網干善教編『講座　飛鳥を考える』などの古代史関係や、『長州歴史散歩――維新のあしおと』『高杉晋作――青年志士の生涯と実像』といった一連の古川薫氏の著作など、同社刊行の本に親しんできた。戦後、現在へと続く大阪城天守閣の基礎を築かれた岡本良一氏も、同社から『大塩平八郎』『大坂冬の陣夏の陣』『図説　大坂の陣』といった名著を世に送り出しておられる。『大坂冬の陣夏の陣』『図説　大坂の陣』の二冊は、今なお、大坂の陣研究、大坂夏の陣図屏風研究の基本文献であり、そういう意味では創元社は大阪城天守閣とも深い関係にある出版社であるが、私自身は同社関係者と接する機会もないまま、大阪城天守閣での学芸員生活を終えようとしていた。そんな矢先、現在も同社から刊行が続いている『図説　日本の城と城下町』シリーズ第一巻『大阪城』の監修依頼が舞い込んできた。退職を間際に控え、多忙をきわめる中ではあったが、研究主幹

（現・館長）の宮本裕次氏、研究副主幹（現・研究主幹）の跡部信氏の協力も得、何とか館長在任中に監修作業を終え、退任後まもなく同書は無事刊行された。

この監修依頼の話を持ち込んでこられた創元社第一編集部の部長松浦利彦氏に本書の編集を担当いただいた。松浦氏は敏腕編集者で、的確な編集作業をおそろしいスピードで進めていかれる。これまで多くの出版社から何冊もの本を刊行してきた私であるが、松浦氏の作業スピードにはすっかり面くらい、ついていくのに四苦八苦であった。けれど、そうした松浦氏のお仕事のお蔭で、本書を速やかに無事刊行でき、読者にとって親しみやすい体裁の本に仕上がった。ここにあらためて創元社と松浦氏に感謝の意を述べたい。

令和五年（二〇二三）四月一日

大阪城天守閣館長退任から一年を経て

北川　央

索引（※人名を各章初出ページで立項）

〈著者略歴〉

北川 央（きたがわ・ひろし）

一九六一年、大阪府生まれ。神戸大学大学院文学研究科修了。専門は織豊期政治史、近世庶民信仰史、大阪地域史。一九八七年に大阪城天守閣学芸員となり、主任学芸員、研究主幹などを経て、二〇一四年より大阪城天守閣館長。二〇二二年三月末に大阪城天守閣を定年退職し、現在は九度山・真田ミュージアム名誉館長。著書に『大坂城――秀吉から現代まで50の秘話』（新潮新書）、『大坂城と大坂の陣――その史実・伝承』『大坂城と大坂・摂河泉地域の歴史』（以上、新風書房）、『なにわの事もゆめの又ゆめ――大坂城・豊臣秀吉・大坂の陣・真田幸村』（関西大学出版部）、『大阪城ふしぎ発見ウォーク』（フォーラム・A）、『神と旅する太夫さん――国指定重要無形民俗文化財「伊勢大神楽」』『近世金毘羅信仰の展開』『近世の巡礼と大坂の庶民信仰』（以上、岩田書院）など、編著に『おおさか図像学――近世の庶民生活』（東方出版）、共編著に『大和川付替えと流域環境の変遷』（古今書院）、監修に『図説日本の城と城下町①大阪城』（創元社）、『大坂城――絵で見る日本の城づくり』（講談社）、『大坂の陣豊臣方人物事典』（宮帯出版社）など。

大坂城《おおさかじょう》をめぐる人々《ひとびと》
――その事跡《じせき》と生涯《しょうがい》

二〇二三年 六 月三〇日 第一版第一刷発行

著 者 北川 央
発行者 矢部敬一
発行所 株式会社 創元社
〈本　社〉〒五四一-〇〇四七
大阪市中央区淡路町四-三-六
電話（〇六）六二三一-九〇一〇㈹
〈東京支店〉〒一〇一-〇〇五一
東京都千代田区神田神保町一-二 田辺ビル
電話（〇三）六八一一-〇六六二㈹
〈ホームページ〉https://www.sogensha.co.jp/

本書を無断で複写・複製することを禁じます。
乱丁・落丁本はお取り替えいたします。
定価はカバーに表示してあります。

組版 はあどわあく 印刷 図書印刷

ISBN978-4-422-20183-2 C0021